# 77 Wertsachen

# 77 Wertsachen

## Was gilt heute?

Herausgegeben von Peter Frey

HERDER

FREIBURG · BASEL · WIEN

Gedruckt auf umweltfreundlichem,
chlorfrei gebleichtem Papier


www.herder.de
Satz: Dtp-Satzservice Peter Huber, Freiburg
Herstellung: fgb · freiburger graphische betriebe 2007
www.fgb.de
ISBN-10 3-451-29564-4
ISBN-13 978-3-451-29564-5

# Inhalt

# Vorwort

## Die Sache mit den Werten. Was gilt heute?

*Peter Frey*

Je ungewisser die Zeiten, desto größer das Bedürfnis nach Orientierung. Da ist es kein Wunder, dass eine durch Arbeitslosigkeit, Reformunfähigkeit, Bevölkerungsentwicklung und Globalisierung verunsicherte Gesellschaft nach neuen Werten sucht. So beraten die Parteien über die Erneuerung ihrer Programme. Die Kirchen sehen in der Berufung eines deutschen Papstes eine Chance für die Wertedebatte. Intellektuelle führen Streitgespräche über die Wiederbelebung der Bürgerlichkeit. In Großbritannien soll eine Respekt-Kampagne Jugendliche für traditionelle Werte und gegenseitige Achtung gewinnen, in den Niederlanden wird eine Werbekampagne für Anstand aufgelegt und in Deutschland formiert sich das „Bündnis für Erziehung". Der Befund ist klar: Die immer heterogeneren, komplexeren und schnelleren Gesellschaften suchen nach Halt.

Kann das ein Rückbezug auf „die Werte" sein? Karl Kardinal Lehmann warnt: „Der Wertebegriff ist zu unbestimmt." Die Kirchen dürften sich nicht „in die Rolle des einzigen Garanten für Moralität in der säkularisierten Gesellschaft drängen lassen". Aber wer definiert Werte sonst? Wie kann sie die Gesellschaft von innen heraus entwickeln? Fest steht: Immer weniger Menschen werden heute von „Wertevorgaben" durch den Staat, gesellschaftliche Gruppen, Verbände oder auch die Kirchen erreicht. Gleichzeitig wachsen Bedürfnis und Notwendigkeit nach praktischer Lebensbewältigung. Konflikte nehmen zu. Das digitale Zeitalter mit seiner Explosion der Medien wird Vereinzelung und Entsolidarisierung noch mehr vorantreiben. Der Einzelne ist mehr denn je auf sich selbst gestellt. Der Einfluss von Medien und Werbung, das Vorbild der Pop-Kultur und ihre Idole setzen Junge und Alte enorm unter Druck. Auch der „Zeitgeist" schafft Werte – manchmal fragwürdige, meist schnell vergängliche. Wie ist es also mit den Werten? Woran orientiert sich der Einzelne, orientieren sich Gruppen oder die Gesellschaft als ganze? Was ist – in einer immer mehr materiell geprägten Welt – eine „Wertsache“? Was sind die Werte – jenseits von Einkommen, Renditen, Shareholder-Value?

Dieses Buch stellt die Frage nach den Werten in den Kontext von gelebten und erlebten Erfahrungen und will die Leser an spannenden und wohl auch spannungsreichen Überlegungen beteiligen. Es geht um Fragen wie die, ob Geiz wirklich geil ist, wie faire Spielregeln im Berufsleben, in Gesellschaft und Politik aussehen können, welche Bedeutung Wurzeln und Bindungen heutzutage haben. Deshalb fragen wir, ob man alte Eltern ins Altenheim hineinzwingen darf – und wie weit die Verantwortung der Jungen für die Lebenssituation der Alten geht. Wie ist das konkret – mit der Erziehung zur Friedfertigkeit oder mit einem muslimischen Schwiegersohn? Ist Schulflucht zu verantworten, weil das eigene Kind nicht in einer Klasse mit 90 Prozent Ausländern lernen soll? Oder die globalen Dramen: Wie fühlt man sich als Urlauber auf den Kanarischen Inseln, wenn an meinem Strand ein Flüchtlingsboot ankommt? Kann man in die Politik gehen, ohne sich die Hände schmutzig zu machen? Gibt es in der Politik eine Pflicht zur Ehrlichkeit?

Die Rede von den Werten ist oft widersprüchlich. Wenn im Moment viel von einer sogenannten „Renaissance der Werte“ zu lesen ist, dann klingt das fast so, als würden wir eine finstre Epoche hinter uns lassen, in der es keine Auseinandersetzung darum gegeben hat, woran Menschen sich orientieren, was ihnen persönlich und was für die Gesellschaft wichtig ist. Dabei sind in den letzten Jahren neue Werte entstanden, die sich für eine ganze Generation als durchaus tragfähig erwiesen haben: Emanzipation, verstanden als Geschlechtergleichstellung und -partnerschaft; ein „globales“ Bewusstsein, das bisherige nationale Grenzen sprengt und sich auch in Hilfsbereitschaft, z.B. bei Naturkatastrophen, zeigt; Toleranz gegenüber alternativen Lebensentwürfen und sexuellen Orientierungen. An die Stelle oder an die Seite alter Bindungen, zum Beispiel in der Familie, sind neue, der Lebenssituation einer immer mobileren Gesellschaft angepasste Beziehungsgeflechte getreten – oft mit nicht minder hoher Verbindlichkeit. Auch andere praktische Werte wurden in den letzten Jahrzehnten neu definiert und sind, oft nach harten politischen Auseinandersetzungen, aus dem aufrührerischen Teil der Gesellschaft mitten ins Bürgertum gewandert: zum Beispiel der Denkmalschutz oder eine neue Erinnerungskultur, die trotz der schwierigen deutschen Geschichte nun nicht mehr polarisiert, sondern Identität schafft.

Zur Neu- bzw. Umdefinition von Werten gehören allerdings auch neue Egoismen, die dem langjährigen Konsens des gesellschaftlichen Ausgleichs widersprechen. Die Werbung räumt den Starken wie selbstverständlich das Recht ein, sich durchzusetzen („Ich bin doch nicht blöd!"). Besitz wird als Indikator des Erfolgs angesehen („mein Haus, meine Frau, mein Boot"). Menschen werden wie Sachwerte behandelt. Auch damit, mit dieser neuen Ideologie einer Überlegenheit des Materiellen, muss sich die Wertedebatte auseinandersetzen.

Offenkundig hat es in den letzten Jahrzehnten eine unübersehbare Neudefinition von Werten gegeben. Traditionelle Werte wie Familienzusammenhalt, Anstand, Ehrlichkeit konkurrieren mit „neuen" Werten bzw. werden im Alltagsleben von ihnen ersetzt. Konservative Gesellschaftskritiker wie Stanley Kurtz sehen in den Wertvorstellungen von Individualismus, Feminismus oder Ökologie die wesentliche Ursachen für die Krise der westlichen Gesellschaften, vor allem für das Problem des Geburtenrückgangs. Frontlinien entstehen zwischen Vor- und Nach-Achtundsechzigern, den Konservativen, denen die ganze Richtung der Veränderung nicht passte, und den älter gewordenen Gesellschaftsveränderern, die sich um die Früchte ihres Kampfes betrogen fühlen. Doch bei Licht betrachtet erscheint die Frontstellung künstlich, ja ideologisch. Die meisten der „68er-Werte" haben längst Einzug ins bürgerliche Milieu gehalten. Da muss man nicht auf die Lebenswirklichkeit konservativer Spitzenpolitiker verweisen, in denen Lebensentwürfe ohne Kinder, Scheidungen oder Homosexualität mittlerweile so selbstverständlich sind wie im Rest der Gesellschaft. Nicht umsonst spricht Paul Nolte von einer „grünen Bürgerlichkeit“, was sich etwa im Blick auf die Überschneidung von „grünen“ und „bürgerlichen“ Milieus in unseren Stadtlandschaften bestätigt. Der Ausgangspunkt der Wertedebatte sollte es deshalb sein, die Veränderung in Lebensstilen, Beziehungen und in der ganzen Gesellschaft als Faktum zu akzeptieren – und nicht Vorstellungen hinterherzulaufen, die keinen Sitz im Leben haben.

Es ist kein Grund zum Wehklagen, sondern ein Fortschritt, dass sich Werte nicht (mehr) verordnen lassen, sondern dass sie überzeugen und sich als lebens-, gesellschafts- und gemeinschaftstauglich erweisen müssen. Natürlich gibt es „objektive“ Werte, wie sie etwa in den Zehn Geboten zum Ausdruck kommen oder in der Moderne in grundlegenden Texten vermittelt werden – vom Menschenrechtskatalog bis zu den ersten 20 Artikeln des Grundgesetzes (und hoffentlich bald einer europäischen Verfassung). Der Unterschied zu früheren Zeiten ist aber, dass der Einzelne sich Werte heute in ganz konkreten Situationen in der Auseinandersetzung mit einer komplexen Umwelt aneignen, sozusagen erarbeiten muss. Werte müssen heute vom Individuum für sich selbst beglaubigt werden. Natürlich bleiben sie dabei Gegenstand politischer und intellektueller Auseinandersetzungen – was sich auch darin zeigt, dass auch Christenmenschen vor politische Fragen gestellt zu ganz unterschiedlichen Antworten kommen können. Das persönliche Gewissen kann nach reiflicher Prüfung vielfältig und ganz unterschiedlich entscheiden. Es unterscheidet uns von fundamentalistischen Milieus, in denen der Einzelne in der Masse untergeht und „gut“ und „böse“ angeblich klar definiert ist.

Werte sind Gegenstand politischer und gedanklicher Auseinandersetzungen, wie wir sie im Moment beispielsweise in der innenpolitischen Debatte über familienpolitische Grundsätze oder die Genforschung erleben und vor allem in der Auseinandersetzung mit anderen Staaten – und Religionen. Dabei geht es auch um die Frage, wie erfolgreich unter den Bedingungen globaler Konkurrenz Gesellschaften sein können, zu deren Wesen politischer Pluralismus, Diskussionsfähigkeit und soziale Integration gehören. Freiheit, Demokratie, Menschenrechte, sozialer Ausgleich – das sind in den letzten Jahrzehnten für Europa nicht nur politische Grundwerte, sondern auch Rahmenbedingungen für einen beispiellosen Erfolg gewesen, vom Wohlstand für viele über den friedlichen Zusammenbruch des Kommunismus bis zur Integration Mittel- und Osteuropas in die Europäische Union.

Es geht dabei nicht nur um Wohlfahrt und Wohlstand für die Bürger, obwohl vor allem diese beiden materiellen Werte die Gemeinschaft in den Augen der Bürger legitimieren. Die Europäische Union ist aber nicht nur ein Wirtschaftsraum, sondern vor allem ein politisches, soziales und kulturelles Projekt, das uns von anderen Weltregionen unterscheidet. Es wird in Zukunft darum gehen zu beweisen, dass eine solche freiheitliche, pluralistische Ordnung leistungsfähiger ist als das, was sich im letzten Jahrzehnt in China und ansatzweise jetzt auch in Russland zeigt. Autoritäre Regime entwickeln ein neues Gesicht: Sie geben sich auf den ersten Blick nicht mehr als finstre Polizeistaaten, sondern als verführerische Glitzerwelten. Ihre Bürger aber degradieren sie zu reinen Konsumenten, indem sie politische Teilhabe verweigern. Teilhabe – und *in diesem Sinn* „Bürgerlichkeit" – ist aber der zentrale europäische Wert, den es zu verteidigen gilt. Wir müssen beweisen, dass er im Wettbewerb der Systeme wirklich leistungsfähiger ist als die neuen, in einer schillernden Verkleidung daherkommenden ökonomisch erfolgreichen, aber politisch repressiven Regime. Eine Werte-Auseinandersetzung steht uns – über die konkreten politischen Konflikte wie beim Irak-Krieg hinaus – übrigens auch mit den USA bevor. Dabei geht es um den sozialen Zusammenhang der Gesellschaft, die sich öffnende Schere zwischen Arm und Reich – aber auch die Fähigkeit, global zu denken und einfachen Lösungen zu widerstehen. Dass der transatlantische Graben doch nicht so tief ist, wie jahrelang befürchtet, scheint eines der Ergebnisse der Kongresswahlen im Herbst 2006.

Schon mitten in der Werteauseinandersetzung befinden sich die westlichen Gesellschaften mit dem Islam, wobei übrigens der Dialog mit den Millionen Muslimen, die schon seit Jahrzehnten in unseren europäischen Gesellschaften leben, mindestens so wichtig ist wie die großen internationalen Fragen. Wir beeindrucken niemanden, wenn wir vor lauter Dialog- und Toleranzbereitschaft das, was uns wichtig ist und wofür in Europa Jahrzehnte und Jahrhunderte gekämpft wurde, unter den Tisch fallen lassen. Das sind die Errungenschaften der Aufklärung: Toleranz, Versöhnung von Wissenschaft und Religion, Emanzipation, auch verstanden als Gleichheit der Geschlechter, das Bekenntnis, mit Unterschieden leben zu können. Auf dieser Grundlage müssen wir den Dialog suchen und für ihn werben – und die mit uns lebenden Muslime als Dolmetscher in die islamische Welt hinein verstehen. Wir sollten das ohne Hochmut tun, sondern immer eingedenk der historischen Erfahrung, wie viele Jahrhunderte Europa für den Durchbruch zu diesen Werten kämpfte und wie blutig diese Kämpfe geführt werden mussten – bis ins letzte Jahrhundert hinein. Dazu gehört auch, präsent zu halten, wie viel Schuld die Kirche auf diesem Weg auf sich geladen hat, man denke nur an die Gewaltexzesse von Kreuzzügen und Inquisition, an den Kampf mit der modernen Wissenschaft oder um die Anerkennung demokratischer Gesellschaftsformen – aber auch den mangelnden Widerstand gegen die Totalitarismen unserer Zeit. Wichtig ist auch der Gedanke, dass es sich bei dieser Werte-Diskussion im Kern nicht um eine Auseinandersetzung zwischen Religionen handelt. Es geht um einen Entwurf der Gesellschaft, um den Stellenwert von Recht und Vernunft – auch gegenüber Religionen.

Die Wahrheit ist konkret. Die Rede von den Werten bewährt sich in der Wirklichkeit. Und sie führt nicht zu schematischen, für jedermann zutreffenden Vorgaben, sondern zu einer Verantwortung des Einzelnen, der seine eigene Lebenssituation – als

Individuum, in der Familie, im Beruf, in der Gesellschaft – kritisch betrachten und vor sein Gewissen stellen muss. Offenkundig hat es in den letzten Jahrzehnten eine Neudefinition von Werten gegeben. Die „Wertekonstruktion" ist in einer immer komplexeren, mobileren, bindungsärmeren Gesellschaft eine schwierige Aufgabe. Was der Einzelne für sich selbst als „Wert"-voll erfahren oder erarbeitet hat, muss für andere nicht den gleichen Wert haben. Angeblich „objektive" Wertsetzungen können sich als nicht praktikabel erweisen, ausgrenzen oder einschränken. Die Frage nach den Werten stellt sich immer im Kontext von Erfahrungen und im Zusammenhang von gelebtem Leben.

Es gilt also Spannungen auszuhalten. Der Einzelne ist heute mehr als in früheren Zeiten auf sich selbst gestellt. Die Grenze zwischen Freiheit und Verantwortung wird neu definiert. Doch was bedeutet das für den Blick aufs Ganze, auf die anderen, die Gesellschaft? Wir müssen es alle gemeinsam aushalten, dass es auf die meisten Probleme unserer Zeit keine einfachen Antworten mehr gibt. Die 77 Antworten auf 77 „Wertsachen" wollen und können deshalb kein verbindlicher Wertekanon sein, sondern sollen beispielhaft zeigen, dass es sich lohnt, sich den manchmal sehr persönlichen, manchmal auch durch die Gesellschaft verursachten Konflikten zu stellen, damit eine Basis für das Zusammenleben entstehen kann – in Partnerschaft und Familie, aber auch in der Gesellschaft. Bei mancher Antwort wird man innerlich zustimmen oder widersprechen. Sich Fragen zu stellen, heißt möglicherweise auch, auf ein Dilemma zu stoßen und damit leben zu müssen, dass sich die Richtigkeit der Antwort erst viel später erweist. Aber es heißt am Ende immer Verantwortung zu übernehmen, mit den Folgen meiner Entscheidung zu leben. In jedem Fall wird der Leser spüren, dass er mit seinen großen und kleinen persönlichen und politischen Fragen nicht alleine ist, sondern dass viele andere ebenso engagiert um die „Wertsachen" ringen – und ihr Leben so sehr bewusst gestalten.

# Kapitel 1

## Drum prüfe, wer sich ewig bindet
## In Beziehung leben

**» Was gibt mir die Sicherheit, mich zu binden? Woher soll ich heute wissen, ob mein Partner und ich auch in zehn, zwanzig Jahren noch zusammenpassen? «**

*Elisabeth Niejahr*

Mein aktuelles Lieblingsbuch ist die Novelle *Die Mathematik der Nina Gluckstein* von Esther Vilar. Sie handelt von der Frage, was ein Liebespaar ein Leben lang aneinander binden kann. Die Hauptperson Nina Gluckstein hat eine einfache, radikale und wirkungsvolle Antwort gefunden: Sie hält ihren Liebsten dadurch, dass sie ihre Liebe nie offenbart, sich also immer etwas gleichgültiger gibt, als sie ist. Über viele Jahre hinweg hat sie Erfolg damit. Santelmo, ein von Frauen umschwärmter Musiker, liegt Nina Gluckstein zu Füßen, gerade weil er meint, sie nicht wirklich erobern zu können.

Ich mag die Geschichte, obwohl ich sie nicht für realistisch halte. Gleichzeitig so leidenschaftlich zu empfinden und so kühl zu handeln scheint mir auf die Dauer sehr schwer zu sein. Aber mir gefällt, dass das Gelingen dieser Liebe so stark von der Disziplin und Willenskraft eines der Liebenden (in diesem Fall der Frau) abhängt – und dass es keine Rolle spielt, ob Mann und Frau objektiv „zusammenpassen". Im Gegenteil, die Liebesbeziehung hält gerade deshalb, weil es Nina Gluckstein gelingt, etwas von der Fremdheit der Anfangszeit zu erhalten.

Darin liegt viel Weisheit. Wenn langjährige Paare sich trennen, heißt es häufig, man habe sich auseinanderentwickelt, passe nicht mehr zusammen. Das klingt dann mitunter so, als hänge es vor allem von der Schnittmenge gemeinsamer Interessen, Neigungen und Einsichten ab, ob eine Beziehung gelingt. Dabei kennt jeder glückliche Paare, bei denen Mann und Frau sehr unterschiedlich sind. Andererseits scheitern auch Verbindungen, bei denen Mann und Frau viel gemeinsam haben; manchmal können sie einander gerade deswegen auf die Dauer nicht viel geben. Ich glaube, dass die Frage des Zusammenpassens überschätzt wird. Natürlich sind gemeinsame Werte, ein gemeinsamer Lebensplan und auch ein ähnlicher Humor wichtig. Aber Beziehungen gelingen auch deswegen, weil man sich für sie entscheidet und an ihre Zukunft glaubt. Nähe und Vertrautheit sind nicht nur eine Voraussetzung für eine Bindung, sondern auch eine Folge davon. Was einen Menschen geprägt hat, ist wichtig, wenn ein Paar zueinander findet – anschließend ist es die Beziehung selbst, die prägt. Gemeinsame Interessen und Neigungen mögen darüber entscheiden, wer zusammenfindet – danach entscheidet umgekehrt oft die Wahl des Partners darüber, welche Interessen gepflegt werden.

Momentan sind die westlichen Gesellschaften mitten in einem Lernprozess; die Bedeutung langjähriger Bindungen ändert sich. Das liegt auch daran, dass die Menschen länger leben als früher – es macht einen Unterschied, ob man bei der Eheschließung vorhat, zwanzig oder doch eher vierzig gemeinsame Jahre zu verbringen. Noch vor zwei Generationen wurde jung geheiratet, dann zog man gemeinsam Kinder auf – und danach folgte eine vergleichsweise kurze gemeinsame Zeit. Der demographische Wandel, die längere Lebenserwartung schafft mehr Raum für Neuanfänge – im Beruf, aber auch im Liebesleben. Manchem scheint es attraktiv, möglichst unterschiedliche Erfahrungen in ein Leben zu pressen. Die Anthropologin Margaret Mead sagte einmal über ihre drei Ehen, jede sei auf ihre Weise ein Erfolg gewesen: „Die erste Ehe beruhte auf Romantik, die zweite auf dem Wunsch nach Familie, die dritte auf Kameradschaft." Sie habe jeden ihrer Männer geliebt, aber auch ihre Begrenztheiten erkannt und entsprechend ihre Entscheidungen gefällt.

Nicht jeder spricht so offen darüber, aber das Denkmuster – für jede Lebensphase ein passender Partner – ist verbreitet. Manchmal ist deshalb von „Lebensabschnittsgefährten" die Rede oder auch von „serieller Monogamie": Man hat mehrere verbindliche Liebesbeziehungen in einem Leben, aber nicht nebeneinander, sondern nacheinander. Manchmal wird behauptet, der Wandel der Erwerbsbiographien und der steigende Druck, im Job mobil zu sein, werde solche Beziehungsmodelle immer häufiger werden lassen. Ich glaube das nicht – die flexible Arbeitswelt gefährdet Bindungen, aber sie verstärkt auch den Wunsch nach ihnen. Wenn auf den Arbeitgeber weniger Verlass ist als früher und häufige Umzüge für die Firma Freundschaften belasten, wird die Familie umso wichtiger.

Mir scheint es am schwersten, sich für eine feste Bindung zu entscheiden, ohne sie allzu selbstverständlich zu finden, also Vertrautheit und Fremdheit, Sicherheit und Neugierde zu verbinden. Das Modell aus meinem Lieblingsbuch kommt für mich nicht infrage; so wie Nina Gluckstein könnte ich nicht leben. Besser gefällt mir ein Modell, das in den Vereinigten Staaten, dem Land der Neuanfänge, in Mode kommt: Alle paar Jahre, zu Beginn eines neuen Lebensabschnitts, feiert man erneut die Ehe, allerdings ohne sich zwischendurch scheiden zu lassen. Bei jedem neuen Lebensabschnitt entscheidet man sich noch einmal bewusst füreinander. Serielle Monogamie, aber immer mit dem gleichen Mann.

## » Woher kann ich die Gewissheit für eine dauerhafte Partnerschaft nehmen? Gibt es das – die Liebe fürs Leben? «

*Wolf Gremm*

*Gott schuf den Mann, dann sagte er sich:*
*Das kann ich besser, und schuf die Frau.*

Es gibt Anthropologen, die behaupten, die Menschen verhielten sich immer noch so wie Nomaden in der urweltlichen Steppe. Sie waren in Horden unterwegs. Die Männer haben Beute gejagt, die Frauen haben Früchte gesammelt und die Nachkommen aufgezogen. Diese Steinzeitpaare waren nur ungefähr vier Jahre zusammen, bis der Nachwuchs weg war, dann ging jeder seines Weges. Heute verhalten sich viele (Männer und Frauen) immer noch wie Jäger und Sammler der Liebe. Jeder zweite deutsche Haushalt ist ein Ein-Personen-Haushalt. Zwar streben 90% der jungen Deutschen eine feste Partnerschaft und Nachwuchs an, aber nur in 65% aller Paarhaushalte gibt es Kinder. Knapp 400.000 in Deutschland geschlossenen Ehen stehen rund 200.000 Scheidungen gegenüber. Wie soll das heute mit einer langjährigen Partnerschaft klappen, wenn sie in den Realitäten und Plänen des Lebens gar nicht mehr vorgesehen ist?

Dennoch: es gibt sie, die Paare, die über lange Zeit zusammenbleiben – Verschworene in der Menge der Jäger und Sammler. Wie kommt es, dass sie gegen die Versuchungen der heutigen Zeit immun sind? Fragen wir zuerst die Wissenschaftler. Für sie ist eins sicher: Nicht nur das Herz, sondern auch das Hirn entscheidet, ob aus einem „One-Night-Stand" die große, lange, glückliche Beziehung wird. Die hundert Milliarden Nervenzellen haben im Laufe des Lebens „Lovemaps" (Liebeslandkarten) gebildet. Sie enthalten angenehme Erfahrungen wie Harmonie, Zärtlichkeit, Genuss, Gefühle aus der frühen Kindheit. Andere sind Spiegel der bisherigen Lebenserfahrung. Bei einem Tête-à-tête treffen gewissermaßen die Nervenzellen der Partner – für uns unbewusst aufeinander. Sie entscheiden dann darüber, ob der andere uns interessiert oder nicht. Es ist also nur eine Absichtserklärung. Ob das auf die Dauer hält, wird sich – logischerweise – erst später ergeben.

Fragen wir jetzt die Psychologen: Eine dauerhafte Beziehung kann sich erst dann entwickeln, wenn der eine sich auf den anderen einlässt, seine Schwächen akzeptiert und die eigene Verletzlichkeit preisgibt. Diese Paare haben offensichtlich im Laufe des Zusammenseins gelernt, grundlegende Spielregeln des menschlichen Zusammenlebens einzuhalten. Kompromissmöglichkeiten ausloten, Fehler des Partners tolerieren, unlösbare Probleme lösen, auf den Partner hören und nicht immer auf der eigenen Position beharren, dem anderen das Gefühl geben, dass er es wert ist, geliebt zu werden, den anderen gleichberechtigt behandeln, lieber Zugeständnisse machen, als zu beharren, die eigenen Interessen nicht prinzipiell durchsetzen, den anderen nicht zum Aufgeben zwingen, auch wenn man Recht hat.

Aber warum ist in jeder zweiten Partnerschaft eine Person sexuell unzufrieden? Weil der empfindlichste Part im Miteinander der Geschlechter die Geschlechtlichkeit selbst ist. Also Sex als Beziehungskiller? Er ist nicht das Hauptmotiv einer längeren Beziehung. Mit einem Partner zusammenzuleben hat mit Sex zu tun, aber auch mit den Gedanken, zusammen Wünsche und gemeinsame Projekte zu verwirklichen. Und, ganz wichtig: gemeinsame Erlebnisse zu haben. Das und die körperliche Zuwendung gibt der Beziehung Kraft und Selbstbewusstsein.

Alles, was wir bis jetzt herausgefunden haben, hat mit etwas Wunderbarem zu tun, das man mit einem einfachen Wort benennen kann: Liebe. Sie zu erklären, ist ungefähr so, als beschreibe man eine Kathedrale mit dem Worten, sie sei ein Steinhaufen, der in einer Spitze mündet. Irgend jemand hat einmal gesagt, in dem Moment, wo man darüber nachdenkt, ob man jemand liebt, hat man schon aufgehört, ihn zu lieben.

Die Liebe ist und bleibt ein Geheimnis. Niemand hat sie bis heute überzeugend zu beschreiben vermocht. Weder die Wissenschaftler noch die Psychologen, allenfalls die Künstler, all die Poeten und Sänger, die sie immer wieder besungen haben. Ich vermute, dass eine langjährige, dauerhafte Partnerschaft nur denen gelingt, die die Schönheit des Augenblicks und das Geheimnisvolle im Leben schätzen. Zu Recht gelten die ersten dreißig Sekunden einer Begegnung als entscheidend. Zum Beispiel in der Art: Er biss sie zärtlich ins Ohrläppchen und plötzlich sah sie – wie in einem hellen Blitz – die Jahrzehnte des Zusammenseins mit ihm voraus und sie war glücklich dabei …

## Soll man, wenn man von einer heimlichen Liebschaft eines Teils eines befreundeten Paares erfährt, den anderen Teil informieren?

*Wolfgang Schmidbauer*

Mit dieser Frage wandte sich ein Leser an die Rubrik „Gewissensfrage“ eines Magazins. Der Ethik-Experte antwortete sinngemäß, dass Freundschaft zur Wahrheit verpflichte und es daher nicht angehe, dem „betrogenen“ Partner des befreundeten Paares die Wahrheit vorzuenthalten. Wer also davon erfahre, dass ein Partner den anderen hintergehe, dürfe dieses Wissen nicht für sich behalten.

Diese Antwort hat mich irritiert. Ich begegne in Paartherapien immer wieder dem Dilemma, was dem Wohlergehen Liebender mehr dient: die schonungslose Wahrheit oder ein taktvoller Umgang mit dem Bedürfnis nach Illusion. Wer eine solche Frage stellt, hat schon zu erkennen gegeben, dass er es nicht prinzipiell für gut und richtig hält, die Wahrheit zu sagen. Bezeichnenderweise wird, wer in dieser Richtung nachdenkt, von den Medien sogleich zum Befürworter der Heimlichkeit und der Lüge gemacht. Ich erinnere mich an die Einladung zu einer Talkshow, die ich absagen musste, weil der eifrige junge Mann, der mich anrief, einen Befürworter des heimlichen Seitensprungs suchte. Den Wahrheits- und Treuebefürworter, sagte er, hätte er schon.

Die Mitteilungspflicht in solchen Fällen scheint mir nicht durchdacht und aktionistisch. Sie geht davon aus, dass beispielsweise der Partner des oder der Fremdgehenden grundsätzlich wissen will, was geschieht. Das lässt sich durch Erfahrungen mit Paaren wiederlegen. In manchen Fällen hat ein Paar eine Kultur des taktvollen Beschweigens, des oft durchaus liebevollen Wegsehens entwickelt. Es braucht den Freund als Aufklärer nicht. Am Ende zerbricht unter dem Druck seiner

Wahrheit ein kunstvolles Gebäude aus Illusionen. Der Freundesdienst schadet den Opfern der Wahrheit und nützt allenfalls der Selbstgerechtigkeit des Täters.

Zu den Kränkungen der Opfer sexueller Untreue gehört, dass sie manchmal das Gefühl haben, alle anderen hätten Bescheid gewusst, nur sie selbst hätten sich in Sicherheit gewiegt. Demnach, könnte man meinen, ist es doch ein Freundesdienst, dem ahnungslosen Opfer reinen Wein einzuschenken und ihm zumindest die Kränkung zu ersparen, dass er so ahnungslos vertraut hat. Aber auch hier ist Vorsicht angebracht. Wer Kränkungen Eifersüchtiger ein wenig gründlicher betrachtet, entdeckt bald, dass ihr Beteuern, es wäre besser, sie hätten von der Untreue schon früher erfahren, auf einer Selbsttäuschung beruht.

Es gibt keinen richtigen Zeitpunkt für Unglücksbotschaften. Davon zu erfahren, ist immer schrecklich. Angesichts des Unvermeidlichen spalten Menschen gerne ihre Wahrnehmung der Realität: „Hättest du es mir nicht später sagen können!" klagen Eifersuchtsopfer, die sich vom Geständniszwang ihres Liebsten überfordert fühlen. „Warum hast du es mir nicht früher gesagt", klagen die Betrogenen, die durch einen Zufall oder durch den instruierten Freund dahinterkommen müssen. Es ist wie mit der Renten- oder Energiekrise: Wir wollen nicht, dass es sie gibt, und daher bezichtigen wir die frühen Warner der Panikmache und die späten, dass sie uns doch schon viel früher reinen Wein hätten einschenken müssen.

Angesichts realer und lösbarer Probleme finde ich in der Tat das Zurückhalten der Wahrheit unethisch. Der Arzt, der einen verdächtigen Befund verschweigt, um den Patienten bei Laune zu halten, der Politiker, welcher Alarmzeichen schönredet, der Nahrungsmittelkontrolleur, der den örtlichen Wurstfabrikanten nicht beleidigen will und deshalb das Gammelfleisch übersieht, handeln verwerflich.

In Liebesbeziehungen ist es nicht möglich, mit Sicherheit vorauszusagen, ob es einer Ehe besser bekommt, über alle Seitensprünge informiert zu werden. Das hängt von sehr vielen Faktoren ab, die wir in geduldiger Forschung, mit Respekt vor der Regulation, die ein Paar entwickelt, auch herausfinden können. Aber besser als das Paar wissen wir es nicht, und daher sollten wir nicht zu sehr von unserer Wahrheit überzeugt sein, wenn wir uns ungefragt in dessen Innenleben einmischen.

**»Ein junges Paar hat geheiratet, ein Kind bekommen – doch schon nach einem Jahr droht die Ehe zu zerbrechen. Soll das Paar wegen des Kindes weiter zusammenbleiben oder sich besser trennen?«**

*Ursula Ott*

Heißt das Paar Dieter Bohlen und Estefania Küster, das einjährige Kind Maurice Cassian? Dann ist die Antwort einfach. Ja, bitte, trennt euch, bringt es schnell hinter euch, damit Dieter schnell wieder „Party machen" kann, wie er am Tag der Trennungs-News vermeldete. Aber meistens heißt das Paar Sabine Müller und Peter Meier, das Kind Annalena und das Leben ist keine Party, sondern ein Doppeldrahtseilakt zwischen Teilzeitjob und enger Mietwohnung, zwischen Lebenslust und Krippenplatz-Misere, zwischen Schlafmangel und Windpocken. Wenn es dann „kriselt" – was ist der kleinere Schaden? Sich durchbeißen, zumindest so lange, bis das Kind „aus dem Gröbsten raus" ist? Oder lieber ein Ende mit Schrecken als ein Schrecken ohne Ende?

»Kriseln" tut es in fast jeder jungen Familie. Der Übergang vom Paarsein zum Elternsein gelingt selten perfekt. Das hat die Bundesregierung schon deshalb so genau erforschen lassen, weil sie sich wunderte, dass so viele Paare nach dem ersten Kind schon genug haben. Ergebnis: Fast alle hatten sich die Kleinfamilie irgendwie lustiger vorgestellt. Grob gesagt: Er ist frustriert über zu wenig Sex. Sie ist frustriert über zu wenig väterliches Engagement. Dagegen ließe sich nun einiges tun. Sie muss nicht nachts das Baby als Bollwerk zwischen sich und ihn legen, damit sie ihre Ruhe hat. Und sie muss auch nicht permanent über Rückbildung und Milchfluss reden. Und er muss diese innerbetriebliche Fortbildung nicht direkt nach der Geburt des Babys buchen. Und selbst sein Fußballverein kommt notfalls mal ein halbes Jahr ohne ihn aus.

Aber, leider, selbst wenn man alles richtig macht, sich einmal die Woche einen Babysitter bucht und romantische Abende mit wildem Sex einplant, selbst wenn er ein Jahr Elternzeit nimmt und mit diesem coolen Jogger-Kinderwagen am Rhein entlangprescht – selbst dann kann eine Ehe scheitern. Weil man jetzt erst merkt, dass der andere ein gnadenloser Egoist ist. Dass die Erwartungen ans Leben vollkommen unterschiedlich sind. Dass man schlicht und ergreifend nicht zueinander passt. Darf man sich dann trennen? Soll man weiter in der Täuschung leben – oder darf man den anderen enttäuschen?

Ja, klar darf man. Auch junge Eltern sind Menschen mit einem Recht auf Glück. Sie sollten sich bloß nicht vormachen, dass sich dieses Glück automatisch einstellt, sobald man den Ehepartner losgeworden ist.

Denn egal, welche Entscheidung man trifft – man trifft sie mindestens die nächsten 18 Jahre für einen anderen Menschen mit. Bleibt man in einer verkorksten Ehe, hat man die Verantwortung für sich und das Kind zu tragen. Permanenter Streit – das Kind wird sich schuldig fühlen. Sprachlosigkeit zwischen Mann und Frau – wie soll das Kind den Wert von Diskussion und Aushandeln erkennen? Eine unglückliche Mutter, ein weitgehend abwesender Vater – wie oft sieht man solche Kinder, die gar nicht wie unbeschwerte Kinder wirken, sondern wie reichlich erwachsener Partner-Ersatz, wie Mamas beste Freundin.

Andererseits: Wer sich trennt, mutet dem Kind eine gehörige Portion Traurigkeit zu. Dafür gibt es auch kein „gröbstes Alter“,

Trennungen sind leider grob an sich. Und es soll bitte keiner glauben, mit zwölf Jahren fände das Kind das nun lustiger als mit zwei. Wer dann noch den anderen Elternteil schlecht macht, womöglich den Kontakt boykottiert, produziert eines jener traumatisierten Scheidungskinder, an denen sich später die Grundschullehrerin, der Kindertherapeut und die Kripo abarbeiten dürfen.

Es hilft also nichts: Spätestens wenn man ein Kind hat, muss man verdammt noch mal erwachsen werden. Also Verantwortung tragen für seine Entscheidungen. Bleibt zusammen – aber dann lernt zu kommunizieren, lernt euch als erwachsenes Paar zu begegnen, denn sonst leidet das Kind. Trennt euch, aber trennt euch richtig und macht daraus keinen Rosenkrieg, denn sonst leidet das Kind. Nichts davon ist einfach, aber zum Glück gibt es in Deutschland ein Netz von Helfern, von Mediatoren und Beratern. Wenn aus einer geglückten Trennung zwei Menschen hervorgehen, die ein neues, besseres Leben führen – dann wird das Kind lernen: Das war eine Krise. Aber Krisen kann man offenbar überwinden. Und: Die Erwachsenen haben sich um eine Lösung bemüht, zu meinem Wohl. Zwei Lektionen fürs Leben, die manches Scheidungskind stark machen werden fürs Leben.

**» Die Kinder sind aus dem Haus. Was bedeutet dies für das Familienleben? Was hält die Familie künftig noch zusammen? Wie bewältigen wir den Verlust? Wie orientieren wir uns neu? «**

*Markus Schächter*

Ein Samstagmorgen in diesem Sommer: keine Musik aus den Zimmern der Töchter, kein Anruf für den Sohn, kein Familientreffen vor der Tür zum Bad, kein neues Schuhpaar eines unbekannten Gastes im Hausflur. Nach vielen Jahren die Eltern erstmals wieder allein im Haus: die Kinder flügge, die Wohnung still, das Nest leer, der Tisch verwaist. Die Bäckersfrau nimmt wie immer die übergroße Tüte für das gewohnte Dutzend Brötchen. Ich halte sie zurück: „Vielleicht nur vier." Frühstück zu zweit, wie einst im Mai.

Wie umgehen mit der Stille? Wird mit dem Nest auch das Leben leerer? Oder ist nicht der natürlichste Sinn des Lebens, es einfach weiterzugeben? Über ein verlassenes Nest muss man nicht trauern, wenn die Jungen selbst davonfliegen. Unsere Kinder sind buchstäblich ausgeflogen, fern in alle Welt, zum Studium, zum Sozialdienst, zum ersten Job. Wir nutzen den Sommerurlaub, um sie zu besuchen, in Teile der Erde, die wir noch nie gesehen haben. Wir genießen die neue Freiheit. Auch wir können plötzlich wieder fliegen.

Mitten im Leben verlassen auch wir das Nest. Oder richtiger: Wir ziehen quasi um im eigenen Haus, in dem wir uns nun fast verlaufen. Neue Pläne, neue Perspektiven: Umbau der Wohnung nach eigenem Gusto. Den Waldlauf mache ich jetzt eher wieder alleine, laufe mein eigenes Tempo. Laufen zwingt zum Nachdenken: Ist nicht das Leben eine Art Staffellauf? Du bist vorausgelaufen, die Kinder laufen nun weiter. Der Großteil der elterlichen Aufgabe scheint erfüllt, wenn der Stab übergeben ist. Die Übergabe ist das Ziel, jedenfalls das biologische. Das menschliche Ziel liegt weiter. Du darfst nicht stehen bleiben. Du bist Teil einer Staffel. Die Staffel ist die Familie. Ihre neue räumliche Entfernung sagt nur wenig über die menschliche Nähe. Vielleicht zeigt erst die Ferne, wie nahe man sich wirklich ist.

Beim Laufen klingelt es: meine Tochter in Sydney. Ich frage mich: Was heißt denn heute „Die Kinder sind aus dem Haus"? Handy und Internet, SMS und E-Mail, Skype und gemailte Fotos lassen fast jede Entfernung schrumpfen. Die alten Gegensätze von Nähe und Ferne müssen neu überdacht werden.

Dennoch: Die Kinder ziehen zu lassen, will gelernt werden; Loslassen will geübt sein. Wie man schnurlos über Handy verbunden ist, gibt es auch ein unsichtbares familiäres Band, das keine Fessel ist. Doch wer hängt dabei eigentlich an wem? Du kannst nicht einfach so tun, als wäre alles wie früher. Du musst die neue Lebensetappe aus dir selbst heraus gestalten: eigene Akzente, eigene Sinngebung. Ganz sicher verändert sich dabei auch die Bindung der Eltern, die Partnerschaft beginnt noch einmal neu. Vielleicht ein neuer Film: *Noch 20 schöne Sommer.*

Loslassen ist auch eine Chance. „Gelassenheit" heißt die entscheidende Tugend des neuen Lebensabschnitts. Gelingt sie, gewinnt man fortan neue Partner: die eigenen Kinder. Die elterliche Führung weicht einer Partnerschaft: Eine vollwertige *Be*ziehung folgt der bisherigen *Er*ziehung. Die Kinderzimmer werden zu Gästezimmern. Die eigenen Kinder sind und bleiben die liebsten Gäste. An den Festen und im Sommer ist das Haus wieder voll. Und für die übrige Zeit gilt: Wer *ge*lassen bleibt, ist nicht *ver*lassen. Rilke fällt uns ein: „Wir haben, wo wir lieben, ja nur dies: Einander lassen!"

» **Eine Freundin hat immer schnelle Antworten parat.**
**Sie weiß immer, was gut und böse ist.**
**Warum kann guter Rat teuer sein,**
**auch wenn man ihn in den Wind schlägt?** «

*Marie-Luise Raters*

„Du musst dich scheiden lassen, und zwar so, dass es ihm richtig wehtut!", verkündete Bettina im Brustton der Überzeugung. „Du kannst dir von dem Kerl doch nicht alles gefallen lassen! Und du wirst sehen: Ohne ihn bist du besser dran, das gebe ich dir schriftlich!" Bettina und Susanne waren beste Freundinnen und kannten sich seit ihrer Grundschulzeit. Bettina hatte für jede Lebenslage einen Rat und für jedes Problem eine Lösung parat. Sie erwartete, dass Susanne ihre Ratschläge ohne Zögern befolgte, weil sie schließlich von der Warte des gesunden Menschenverstandes und in aller Freundschaft ausgesprochen worden waren. Zumal Susanne in ihren Augen ein zögerliches Weichei war, dem man schon mal etwas hartnäckiger zu seinem Glück verhelfen musste.

Heute war sie in Topform. Ihr Kopf glühte, und in rasantem Tempo entwarf sie ein Szenario der Rache, mit dem sie der Freundin ihre künftige Unabhängigkeit in leuchtenden Farben ausmalte. Susanne störte nicht weiter, dass sie in diesem Szenario bald nur noch als Randfigur agierte, denn die Dynamik von Bettinas Beratungen war ihr längst vertraut. Bettina wusste von immer neuen Frauen zu berichten, die sich erfolgreich vom Joch der Ehe und der Abhängigkeit von einem wertlosen Mann befreit hatten. „Dass du diesen Stinkstiefel noch irgendwie liebst, kannst du mir nicht erzählen!", redete sie sich in Rage. „Ich weiß nicht", entgegnete Susanne, „aber ich kann mich an die Zeiten erinnern, in denen das so war. Schließlich haben wir nicht aus Versehen geheiratet." „Aber diese Zeiten sind vorbei! Jetzt hat er diesen Job in Stuttgart angenommen, der Geier weiß warum, und zu dir kommt der Herr Pascha nur noch einmal im Monat mit einem ganzen Schrankkoffer voller dreckiger Hemden, an denen du dann Lippenstiftspuren findest! Der Mann hat doch keinen Respekt vor dir!" An dieser Stelle musste selbst Bettina mal Luft holen. „Aber wenn ich mich jetzt scheiden lasse, dann erwartet jeder von mir, dass ich mit meinen 47 Jahren so tue, als lägen alle schlechten Erfahrungen noch vor mir! Das ist doch peinlich!", erwiderte Susanne.

„Was meinst du denn damit?", fragte Bettina irritiert. „Na, du kennst das doch! Jeder würde erwarten, dass ich mich auf schräge Abenteuer einlasse, um mir möglichst bald wieder einen Mann zu angeln! Du lädst doch selbst ständig irgendwelche geschiedenen Frauen ein, denen du zu neuem Glück verhelfen willst! Und nur weil du alte Kupplerin sie unbedingt wieder an den Mann bringen willst, müssen die Ladys dann ganze Abende lang gequälte Gespräche mit verklemmten Typen durchstehen!" Fast war Bettina verstimmt: „Wer nicht wagt, der nicht gewinnt, und außerdem hat es mindestens einmal auch schon geklappt; da ist jetzt ein Baby unterwegs und ich werde Patentante." Dann aber lenkte sie ein. „Gut, ich verspreche dir, dass ich für dich solche Abendessen nicht inszenieren werde. Man kann ja schließlich auch als Single ein erfülltes Leben führen."

Als Bettina das sagte, wusste ihre Freundin plötzlich, dass eine Scheidung für sie nicht in Frage kommen würde. Ihr war schlagartig klar geworden, dass sie ein Leben als Single schlicht und einfach nicht wollte. Natürlich war ihr auch schon der Verdacht gekommen, dass ihr Mann die vielen Abende (oder sagen wir besser: die vielen Nächte) in Stuttgart nicht immer allein verbracht hatte. Eine Scheidung würde aber unausweichlich eine Schlacht um ihr Haus, die Freunde und die beiden halbwüchsigen Kinder nach sich ziehen. Vor allem aber war Susanne durch Bettinas Äußerung bewusst geworden, dass sie viel zu viel Angst hatte, sich als geschiedene Frau wieder auf den Markt der eingeschränkten Möglichkeiten werfen zu müssen. Sie wusste zwar, dass sie sich als eingeschworene Feministin von solchen Gründen nicht beeindrucken lassen sollte, aber das waren nun einmal ihre Gründe. Was würde es schließlich nutzen, heroische Pläne zu entwerfen, die sie dann sowieso nicht würde durchhalten können? Damit war ihr Entschluss gefasst: Sie würde sich nicht scheiden lassen, oder zumindest jetzt noch nicht.

Stattdessen hat sie eimerweise Marmelade gekocht und sich mit unzähligen Theater- und Kinobesuchen abgelenkt, damit sie zwei Jahre lang so tun konnte, als wäre alles in Ordnung, wenn ihr Mann doch einmal nach Hause kam. Und als sie die Hoffnung fast schon aufgeben wollte, passierte tatsächlich das, worum sie sich während des Gesprächs mit Bettina zu kämpfen entschlossen hatte. Zunächst kam ihr Mann immer öfter nach Hause, bis er die Stelle in Stuttgart schließlich kündigte. Es war eine schlimme, eine graue und demütigende Zeit, aber es hat sich gelohnt. Der Sturm der Liebe ihres Mannes zu dieser

Frau in Stuttgart ist abgeflaut zu einem lauen Windchen der Gewohnheit, und seine Midlife-Crisis war doch eher eine vorübergehende Verstimmung. Es ist zwischen den beiden zwar immer noch nicht so, wie es sein sollte, aber die ganz heftigen Auseinandersetzungen sind selten geworden. Statt dessen gibt es immer wieder Abende, an denen sie in schöner Vertrautheit miteinander essen, lästern und lachen können. Susanne und ihr Mann führen sicher keine Traumehe, aber heute ist Susanne heilfroh, dass sie vor zwei Jahren nicht in einem Anfall von Wut und Enttäuschung alles Porzellan zerschlagen hat.

Susanne hat sich damals nicht an den Rat Bettinas gehalten, und eigentlich hat sie sich nie an Bettinas Ratschläge gehalten. Trotzdem will sie die Auseinandersetzungen mit ihr um keinen Preis der Welt missen. Dadurch, dass ihre Freundin ihr so massiv zur Scheidung riet, war Susanne gezwungen, zu erklären, warum sie sich definitiv nicht scheiden lassen wollte. Nur weil sie ihr gegenüber nach Rechtfertigungen suchen musste, konnte ihr klar werden, was zu tun und vor allem: was zu lassen war! Vor dem Gespräch mit Bettina hatte sie nur ein großes Durcheinander im Kopf und eine noch größere Traurigkeit im Bauch. Danach wusste sie genau, was sie nicht wollte. Allein deshalb hat sich die Auseinandersetzung mit Bettina gelohnt, und sie war anstrengend, weiß Gott!

Und wenn Susanne beim nächsten Mal nicht weiß, was sie tun soll, wird sie wieder zu Bettina gehen. Natürlich mag es bessere Gründe zum Festhalten an oder zum Ausbrechen aus einer Ehe geben als die, welche den beiden Damen eingefallen sind. Aber letztendlich spielt es keine Rolle, ob die Ratschläge der Bettinas dieser Welt tatsächlich gute Ratschläge sind. Aber wir brauchen sie, um uns Klarheit darüber zu verschaffen, was wir sind, was wir durchhalten können und was wir im Grunde unseres Herzens wirklich wollen.

**Bindungen zu Freunden sind heute sehr viel wichtiger als in unserer Elterngeneration. Wenn ich aber an die Möglichkeit einer schweren Krankheit denke, frage ich mich, ob Freundschaften wirklich so belastbar sind wie Familienbande. Kann ich Freunden zumuten, dass ich mich unbedingt auf sie verlassen möchte?**

*Andrea Fischer*

Die Entscheidung darüber liegt nicht nur in unserem freien Willen. Denn so wie sich unsere Gesellschaft verändert hat, kann man sich nicht unbedingt aussuchen, auf wen man sich verlassen will. Viel mehr Menschen als in früheren Jahrzehnten haben heute keine Kinder. Es ist ihnen also schlicht nicht möglich, auf ihre Kinder zu setzen für ihre Versorgung bei Krankheit und Alter; es gibt niemand, der das übernehmen könnte.

Aber auch wer Familie hat, kann die nicht wirklich einkalkulieren: Was, wenn der Sohn inzwischen in Australien lebt? Was, wenn die Tochter gerade Angst um den Arbeitsplatz haben muss und deshalb nicht mit kürzerer Stundenzahl arbeiten kann? So sehr sie es wollen, sie können sich einfach nicht in der notwendigen Form um die Eltern kümmern. Auch die Schwester nicht, die gerade das vierte Kind bekommen hat und mehr einfach nicht schafft. Ganz zu schweigen von Familienbanden, die gar nicht mehr wirksam sind, weil man sich gegenseitig nicht mag.

Daher können wir immer weniger darauf setzen, dass die Verwandten auf jeden Fall da sind. Menschen haben heute eine kleinere Verwandtschaft, die oft nicht am selben Ort lebt oder nicht verfügbar ist, wenn man sie braucht. Das alles spricht dafür, sich darauf einzustellen, dass man vielleicht auch andere Menschen um Hilfe bitten muss.

So weit die schiere Notwendigkeit. Aber wen darf und wen kann ich bitten? Grundsätzlich gilt: Wer Hilfe braucht, hat das

Recht, andere um ihre Unterstützung zu bitten. Aber man will den Helfer nicht überfordern und man will sich auf ihn verlassen können. Sonst würde es die Krankheit und die Hilflosigkeit nur noch schlimmer machen.

Freundschaft, richtige Freundschaft, kann es nicht als Zumutung empfinden, um Hilfe gebeten oder gar verpflichtet zu werden. Nicht, wenn es sich um einen Ernstfall handelt. In den weniger dringenden Fällen ist die Hilfe immer verhandelbar. Aber im Fall der schweren Krankheit ist es eine selbstverständliche Pflicht. Gleichzeitig sollte der Hilfsbedürftige möglichst darauf achten, dass sich die Freunde nicht überfordert fühlen. Wer kann was tun, ohne dass ihn das aus seinem normalen Leben herauswirft? Wo braucht es eine Kombination mit professioneller Hilfe? Die Anforderungen zu verteilen, hilft nicht nur den Freunden, sondern tut auch dem Kranken gut. Er kann damit selber Einfluss nehmen und zudem damit den Freunden zeigen, dass er auch Verantwortung für sie übernimmt.

Kann man sich auf seine Freunde verlassen? Das wünschen sich alle, die Freundschaft schließen. Aber die meisten Freundschaften entstehen nicht in Krisen. Erst in einer schwierigen Situation erfährt man, wie tragfähig sie sind. Das kann man nicht planen, man kann es nur anstreben. Und sich selber durch sein eigenes Verhalten um die Grundlage dafür kümmern. Auch die guten Tage bieten Gelegenheit genug, Loyalität zu zeigen und Nähe zu entwickeln. In Freundschaften sind oft auch kleine Hilfen und undramatische Dienste notwendig, da können Menschen miteinander Erfahrungen machen und eine Selbstverständlichkeit des Helfens entwickeln.

Die Freunde, von denen man einen großen Dienst erwarten darf, sind gewiss nur wenige im Leben, wohl eher die, die einen nicht nur in einer Lebensphase begleiten. Wer die Freundschaften wertschätzt und bereit ist, dafür etwas zu geben, der wird umso eher eines Tages das Glück erfahren, dass ihm geholfen wird. Er kann es nicht einklagen. Er kann nur darum bitten.

**„Ich bin schwul – und das ist auch gut so", so hat sich Klaus Wowereit geoutet, bevor er zum Regierenden Bürgermeister von Berlin gewählt wurde. Was ist daran „gut so", schwul zu sein, und für wen ist es „gut so", es öffentlich kundzutun?**

*Regina Ammicht-Quinn*

„Schwul" ist schon unter Siebenjährigen ein Schimpfwort, ehe die Kinder überhaupt wissen, worum es wirklich geht. Sie wissen nur: Es beleidigt, es beschämt, es macht klein, es schließt aus. Man will nicht, dass es über einen gesagt wird. Man sagt es, um zu verletzen. Wir scheinen hier in einer doppelten Wirklichkeit zu leben: Auf der einen Seite gibt es Personen des öffentlichen Lebens, die ohne größere Aufregung davon sprechen, dass sie schwul sind; Antidiskriminierungsgesetze sind verabschiedet, und in der Werbe- und Medienwelt kann Homosexualität, häufig verbunden mit einer unklaren Zuordnung zu einem Geschlecht, chic sein. Auf der anderen Seite gibt es individuelle Lebensläufe, die das widerspiegeln, was in den Kinderstreitigkeiten offenbar wird: Homosexualität als etwas, das es vor Kollegen oder Vorgesetzten oder Großmüttern zu verbergen gilt, etwas, das eine Familie anderen zu verheimlichen versucht.

Das Verbergen und Verheimlichen ist wiederum eine Antwort auf Misstrauen und Abwehr, die unter einer zivilisierten Schicht der Akzeptanz immer wieder hervorbrechen. Verachtung und Verurteilung von Homosexualität haben ihre historischen und ihre religiösen Wurzeln. Homosexualität wurde und wird vor allem in religiösen Kontexten kritisiert, wo Sexualität allein durch Fruchtbarkeit legitimiert wird und ohne angestrebte Fruchtbarkeit als Sünde gilt. Dass auch im katholischen Kontext die wechselseitige Liebe Vorrang hat gegenüber dem „Ehezweck" der Fruchtbarkeit, wird hier häufig vergessen. Homosexualität aber, so die abwehrenden Positionen, verweigert nicht nur Fruchtbarkeit, sondern stört oder zerstört auch eine als natürlich verstandene Ordnung. Dieser abwehrende Blick ist zugleich ein verurteilender und ein begehrlicher Blick, der Homosexualität mit purer, exzessiver und folgenloser Lust in Verbindung bringt.

Was daran also ist „gut so"? Homosexualität – und hier geht es um den ganzen Komplex von gleichgeschlechtlicher Liebe, gleichgeschlechtlichem Begehren, gleichgeschlechtlicher Sexualität und gleichgeschlechtlichen Lebensstilen – ist nicht an sich „gut so". So wenig wie Heterosexualität an sich „gut so" ist. Beides sind keine moralischen Werte. Keines von beiden ist ein moralischer Un-Wert. Homosexualität ist, was sie ist. Jedes Leben, jede Beziehung aber muss gestaltet werden. Jedes Leben, jede Beziehung kann besser oder schlechter gestaltet werden, kann durchsetzt sein mit Angst und Gewalt oder mit Liebe und Zärtlichkeit, kann gelingen oder misslingen. Homosexualität ist zunächst, wie Heterosexualität, was sie ist. Sie kann gestaltet und dabei „gut so" werden.

Für wen aber ist es „gut so", dass das eigene Schwul- oder Lesbisch-Sein nicht verheimlicht, sondern öffentlich verkündet wird? Es ist „gut so" für diejenigen, die sprechen, statt zu schweigen. Die Chance der bewussten Gestaltung eines Lebens, einer Lebensform, eines Begehrens, einer Sexualität ist größer, wenn dieses Leben nicht durch Heimlichkeit bedrückt ist. Verbergenmüssen und Lügenmüssen schadet jeder Identität. Und eine Gesellschaft, in der es sicherer ist, Homosexualität zu verbergen – sicherer für die Karriere, für die Anerkennung der anderen – schadet nicht nur denen, die einen Teil ihrer selbst verbergen müssen, sondern auch sich selbst.

Darum ist das öffentliche Sprechen über die eigene Homosexualität in besonderer Weise „gut so" für diejenigen, die die ersten Adressaten einer solchen Aussage sind, weil sie *nicht* schwul oder lesbisch sind: die heterosexuelle Mehrheit. Es ist „gut so", weil sich hier die Chance zu lernen auftut. Gelernt werden kann, dass ein moralisches Überlegenheitsgefühl, weil man selbst „normal", die anderen aber „anders" sind, ein moralischer Fehler ist. Gelernt werden kann, dass man in einer solchen Abwehr gegen diejenigen, die aufgrund von Hautfarbe oder Geschlecht oder sexueller Orientierung „anders" sind, nicht moralische Werte schützt, sondern moralische Un-Werte: Angst und Engstirnigkeit. Und gelernt werden kann, dass die eigentliche moralische Frage nicht die Frage ist, ob ein Mensch homosexuell ist. Die eigentliche moralische Frage ist, wie ein Mensch lebt und wie er seine Beziehungen gestaltet, die Beziehungen zu denen, die nahe sind, und die Beziehungen zu denen, die „anders" sind.

## »Was ist im Zweifel wichtiger – Treue zum anderen oder Treue zu sich selbst?«

*Tilman Todenhöfer*

Treue zum anderen oder zu sich selbst kann reine Intuition sein. Dies ist nicht mein Thema. Mir geht es um den bewussten Vorgang. Treue zum anderen setzt die Erkenntnis voraus, was der oder die andere und wer man jeweils selbst ist. Eine international zusammengesetzte Familie wie die meinige – meine Frau ist Spanierin und war früher als Kunsthistorikerin berufstätig – ist ein interkultureller Prozess, der einen fast täglich begleitet. Es beginnt mit der Heirat: Jetzt erkennt man erst richtig, wo Werte, Traditionen, überhaupt die unterschiedlichen Kulturlandschaften der Familien in etwas Gemeinsames, Neues integriert werden müssen. Das Leben im anderen Land kann ein Prüfstein sein. Eine hohe Lebensqualität in der neuen Umgebung (Kultur, Geschichte, Wetter, Landschaft, Mentalität, beruflicher Erfolg) erleichtert vieles.

Man spiegelt sein eigenes Ich intensiv am neuen Umfeld. Mit den Interessen und den Eigenheiten des anderen geht man behutsam um. Es erfolgt gleichzeitig ein tieferes Eindringen in die von der Herkunft geprägten Besonderheiten. Gemeinsam haben wir dann Erwartungen an das Leben entwickelt, persönliche Wertvorstellungen oder unsere Vorstellungen des Familienlebens abgeglichen, uns an den richtigen Grad des jeweiligen beruflichen Einsatzes herangetastet. Dazu gehört auch die Frage, wie viel Verzicht zugunsten des Berufes nötig und erträglich ist und welchen Stellenwert die familiäre Lebensqualität hat.

Als mein beruflicher Weg nach oben begann, waren Chancen und Risiken unterschiedlicher Karrieren in Deutschland oder Spanien zu besprechen. Ebenso die gewünschte Zahl der Kinder. Wenn das alles steht, decken sich hoffentlich die meisten Werte: Die Treue zu sich selbst ist dann weitgehend auch die Treue zu den Vorstellungen des Partners oder der Partnerin und zu den anderen Mitgliedern der Familiengemeinschaft.

Ab jetzt ist die größte Gefahr, dass ein erfolgreicher Berufsweg die einvernehmliche Struktur des Zusammenlebens stört bzw. zerstört. Der berufliche Erfolg ist doch auch der der Familie, meint der Mann. Also müsste sich doch eigentlich alles diesem Aspekt unterordnen. Das Opium zunehmender Verantwortung, gesellschaftlicher Anerkennung und pekuniärer Fortschritte muss nicht für alle gleich verlockend sein. Der Preis hierfür kann von dem anderen als zu hoch empfunden werden. Einseitig den eigenen Karriereplänen „treu“ zu bleiben, dem beruflichen Fortkommen Priorität einzuräumen, kann dann zur echten Gefahr für die Familie werden. Dann ist es Zeit, über die Aktualisierung der einstmals vereinbarten oder entstandenen gemeinsamen Vorstellungen und Strukturen zu sprechen. Die international aufgewachsenen Kinder, in meinem Falle drei meinungsstarke spanische Töchter, in die Entscheidungen mit hineinzunehmen, ist nicht nur spannend, es ist auch bereichernd und stabilisiert das Familiensystem.

Eine andere Frage: Was, wenn die Treue zum Arbeitgeber mit der Treue zu sich selbst nicht in Einklang zu bringen ist, wenn der Arbeitgeber etwas fordert, was ich nicht geben will – nicht nur was die Zeit, sondern was den geforderten Stil, die Inhalte der Arbeit angeht? Hier sei als möglicher Konflikt genannt ein nicht hinnehmbarer Umgang des Unternehmens mit rechtlichen, interkulturellen und sozialen Grundprinzipien. Hier gilt dasselbe wie bei der Familie: Man muss frühzeitig die Suche nach sich deckenden Werten einleiten. Es ist heutzutage leichter, ein Unternehmen und seine inneren Qualitäten rechtzeitig zu beurteilen. Die gemeinsam gelebten Werte machen die Zahl der zu lösenden Probleme nicht kleiner. Nur: Die Form, wie man diese Probleme lösen kann, ist einfacher, kann man doch sich selbst in Moral und Anstand treu bleiben.

Die meisten beruflichen Gegenüber haben es mir leicht gemacht: Sie ließen ihre Wertschätzung erkennen, ich folgte gerne dieser Spur. Diese war mir vom Internat an (mein erster ernster Prüfstand für die hier aufgeworfene Frage) über die mir begegnenden, mich wahrnehmenden und prägenden Personen als Leuchtfeuer klar erkennbar: Sie lehrten mich, dass Treue zu sich selbst vereinbar ist mit der Treue zum anderen, wenn er oder sie charakterlich Gleichgesinnte sind. Im Beruflichen ist die Auswahl des anderen, dem man dann die Treue halten will, nicht so definitiv, sie ist nicht vital oder letal, sie ist korrigierbar. Umso mehr hat man hier die Pflicht, im Zweifel sich selbst treu zu bleiben.

Andererseits: Unangemessenes, blindes Bestehen auf der Treue zu sich selbst bei wertvollen Inhalten des anderen – sei dies der Partner, sei dies das Unternehmen, in dem man Verantwortung trägt – kann zur Trennung führen. Wer im Zweifel darüber zu entscheiden hat, was wichtiger ist – Treue zum anderen oder Treue zu sich selbst –, muss dann als Erstes sich selbst kritisch fragen, was er in der jeweiligen Lebenslage an Werten verkörpert.

# Kapitel 2

## Alle meine Lieben
## Kinder, Eltern, Familie, Freunde – und ich

» **Hat Familie heute noch einen „Wert an sich"? Ist es nicht der viel höhere Wert, seine Bindungen selbst zu definieren?** «

*Nina Öger*

Wenn ich heute an die Stätten meiner Kindheit reise und Erinnerungen wach werden, weil in der Luft bestimmte Gerüche und Geräusche sind, wenn ich mit meiner kleinen Tochter in alten Fotoalben blättere und ihr den Opa als schönen jungen Mann zeige und ihre Mama als kleine Tochter – dann wird mir bewusst, was für ein Privileg es ist, in einer Familie heranzuwachsen. Mögen auch traditionelle Strukturen mittlerweile immer seltener den Schwüren standhalten, die man vor Priestern geleistet hat, eines hat dennoch Bestand: Familie kann Geborgenheit, Zugehörigkeit, Vertrauen, Sicherheit vermitteln. Diese Zusammengehörigkeit, die der biologische Zufallsgenerator unseres Lebens in Familienstrukturen gekleidet hat, ist wertvoll – aber ist sie ein Wert an sich?

Meine persönliche Lebenserfahrung ist von sehr unterschiedlichen Erfahrungshorizonten geprägt. Familie in meiner Heimat Türkei ist auch im 20. Jahrhundert ausgesprochen traditionell orientiert gewesen und die abträglichen Folgen sind offenbar: ungleich verteilte Chancen für die Geschlechter, mit allen persönlichen wie gesellschaftlichen Folgen, bis hin zu falsch verstandenen Ehrbegriffen und ihren dramatischen Konsequenzen. Doch der tiefere und langfristige Wert von Familie bleibt selbst davon unberührt: Das Zusammenleben der Generationen wird leichter, das Sich-aufeinander-verlassen-Können in Zeiten zunehmender Unsicherheit wird zum gesellschaftlichen Kitt. In meiner anderen Heimat Deutschland habe ich dann eine „modernere" Seite von familiärer Wirklichkeit erlebt: Familien, die auseinanderdrifteten, weil Mütter und Väter getrennte Wege gehen; Großeltern, die zwischen Extremen pendeln, als Dauerersatz für Eltern oder als Einmal-im-Jahr-Geschenke-Bringer –

beides frisch erkämpfte Familienmuster, die mit dem Ursprung von Familie nicht mehr viel gemein hatten.

In meiner Jugend haben wir zu einem Hit getanzt, der den Titel trug: „We are family!" Das Lied ist wie eine Hymne: Wir sind Familie, nicht nur biologisch, nicht dem Zufall geschuldet, sondern weil wir es so wollen. Das alte Prinzip der Familie ergänzt um den freien Willen, sich für Menschen zu entscheiden und für den Grad der Nähe, der Zugehörigkeit. Ja, ich will Vater und Mutter ehren – aber es soll auf gleicher Augenhöhe sein. Ja, ich freue mich über Onkel, Tanten, Nichten, Neffen – aber nicht um den Preis geheuchelter Zuneigung. Ja, ich stehe ein für die familiären Tugenden wie Rücksichtnahme, Toleranz, Hilfsbereitschaft – aber nicht weil sie halt dazugehören, sondern weil ich sie grundsätzlich gut finde.

Und dann gehe ich selbstverständlich und freiwillig einen Schritt weiter. „We are family!" – das meint für mich auch: Meine beste Freundin gehört zur Familie, sicher mehr als die Cousine zweiten Grades. Auch ein Unternehmen, vor allem ein familiengeführtes Unternehmen, kann versuchen, bestimmte Werte, die in Familien grundlegend sind, im wirtschaftlichen Prozess zu leben. Dabei darf „Familie" nicht mehr von der Herkunft des Wortes her verstanden werden: Von „Haussklaven" des Familienoberhauptes ist keine positive Wertebildung zu erwarten. Familie ist aber auch nicht nur eine soziologische, ökonomische oder politische Kategorie. Zu vieles, was wir in Deutschland schon zu lange bürokratisch-administrativ diskutieren, führt nur dazu, dass die Werthaltigkeit von Familie insgesamt beschädigt wird.

Familie muss heute also dem freien Willen entsprechen. Familie muss aber auch die guten alten Werte bewahren. Familie darf nicht Ausrede sein – für Ungleichheit, für vorgebliche Überlegenheit – oder Vorwand für absurde Rituale. Dann kann Familie helfen, Werte zu erhalten, die in Zeiten zunehmender Unübersichtlichkeit wesentliche Bedeutung haben. Das mag an sich schon einen Wert haben, aber nicht einen Wert an sich.

**» Meine Tochter spricht mich seit einiger Zeit mit dem Vornamen und nicht mehr mit „Papa" an. Ich kann mich nur schwer daran gewöhnen. Muss ich es als Ausdruck einer reiferen, gleichwertigen Partnerschaft akzeptieren? «**

*Heiner Geißler*

Die Fragestellung geht offenbar davon aus, dass „Papa" eine ungleichwertige Partnerschaft zum Ausdruck bringt und dass der fiktive Fragesteller dies akzeptiert und für richtig hält. Ob die Tochter dagegen revoltiert, ist damit noch nicht gesagt, obwohl starke Rudimente einer patriarchalischen Familienverfassung immer noch gesellschaftliche Realität sind. Die „neuen", partnerschaftlich denkenden Väter sind in Deutschland noch nicht angekommen und wollen halt immer noch Papa genannt werden. Es könnte aber auch sein, dass der Tochter irgendwann der Begriff „Papa" einfach zu kindisch vorkam. Er stammt aus dem Französischen, was weiter nicht schlimm ist, entspringt aber vor allem auch, wie die Etymologen wissen, der kindlichen Lallsprache. Im Gegensatz dazu kommt „Mama" von der lateinischen, griechischen und mittelhochdeutschen „mamma, mamme", der Mutterbrust – ein elementarer emotionaler Bezug, ein Urerlebnis, gegen das die Männer nichts zu bieten haben.

Mutter und Mama bleiben das ganze Leben. Nach der Schlacht bei Weißenburg 1870 riefen die schwer verwundeten französischen und deutschen Soldaten, die in dem von Bismarck angezettelten unsinnigen Krieg verheizt worden waren, im gemeinsamen Lazarett an der pfälzisch-elsässischen Grenze nach der „maman" und der „Mama", wie die Offiziere konsterniert nach Paris und Berlin berichteten. Noch nie hat man davon gehört, dass in den Lazaretten der Welt nach dem „Papa" gerufen worden wäre. Deshalb heißt die Mutter, auch in meiner Familie, Mama und Oma oder Omi.

Das soll aber nicht heißen, dass der Vater zu seinen Kindern eine mindere Beziehung hätte. Aber es ist eine andere. Oft ist er die Respektsperson, die Autorität, das Familienoberhaupt mit rechtlichen, ökonomischen, sozialen, ja sogar politischen Privilegien (bis zum Jahr 1990, also bis vor 16 Jahren, durften in dem Schweizer Kanton Appenzell-Innerrhoden nur Männer zur Wahl gehen). In dieser Rolle muss er der Vater, der Papa (Betonung hinten) sein. Nicht einmal „Papi" ist für diese Rolle zulässig, geschweige denn der Vorname.

Aber warum soll die Tochter, wenn sie ihren Vater nicht in erster Linie als Ernährer und Erzieher, als einen, vor dem sich Barrieren für den seelischen Zugang auftürmten, erlebt hat, sondern als liebevollen Vater, dem man voll vertrauen kann, der in jeder Lebenslage für einen einsteht und bei Fehlern nicht den Kopf herunterreißt, ihn nicht mit seinem Vornamen ansprechen? Meine Kinder und Enkelkinder sagen zu mir Heiner, weil ich es von Anfang an so wollte, und meine Kinder fanden das auch in Ordnung. Das hat mit einer Ablehnung der Vaterrolle nichts zu tun. Im Gegenteil, ich wollte ein guter Vater sein, was mir nach Auskunft meiner Kinder auch einigermaßen gelungen ist. Für gemeinsame Interessen, die wir nie verloren haben, wie Musik, Bergsteigen, Klettern und Gleitschirmfliegen, wäre die Anrede „Papa" ohnehin etwas hinderlich gewesen.

Aber man darf hier keine Gefühle verletzen. Für viele ist das Wort „Papa" verbunden mit Vertrauen und Glück. Das ist auch gut so, wie man neuerdings sagt. Aber der oben fragestellende Vater sollte sich freuen. Es ist ein großer Vertrauensbeweis, dass seine Tochter es wagt, ihn mit seinem Vornamen anzureden. Mein Schwiegervater ist auch unser Urgroßvater. Er wird in diesem Jahr 100 Jahre alt. Seinen sieben Urenkeln fällt es nicht ein, ihn Uropa oder Urgroßvater zu nennen. Sie sagen Pil zu ihm. Es ist der Name, mit dem er in seiner Familie alt geworden ist. Die Werteordnung unserer Republik wird dadurch nicht gefährdet.

## Wenn ein erwachsenes Kind es beruflich zu nichts bringt, sind die Eltern weiter verpflichtet, es durchzufüttern?

*Karl Jüsten*

Mein Vetter Thomas (35 Jahre) hat das Downsyndrom. Er arbeitet in einer beschützenden Werkstatt, kann davon allein aber seinen Lebensunterhalt nicht bestreiten. Trotz staatlicher Hilfen kämen seine Eltern und Brüder wohl nie auf die Idee, Thomas nicht auch zu unterstützen.

Heinrich, ein Bekannter aus früheren Zeiten, ist ungefähr fünfzig Jahre alt. Er wird mit dem Leben nicht mehr fertig. Wegen seines Alkoholismus haben ihn Frau und Tochter verlassen. Die Adoptiveltern haben ihm lange eine kleine Wohnung finanziert und ihn mit Taschengeld über Wasser gehalten. Berater haben ihnen nach einiger Zeit empfohlen, die Hilfen einzustellen, weil Heinrich sonst wohl nie auf die Idee kommen würde, sein Leben zu ändern. Seither lebt er auf der Straße von der Stütze, wie die staatlichen Leistungen von Obdachlosen genannt werden.

Silke lebt seit Anfang des Studiums allein mit einem eigenen Haushalt. Nach dem Examen findet sie keinen rechten Job und hangelt sich von Praktikum zu Praktikum. Dort hat sie noch nie unter realen Bedingungen arbeiten gelernt. Die Eltern, die sie bisher finanziell unterstützt haben, wollen nun nicht mehr für Silkes Lebensunterhalt aufkommen. Ihre Geschwister sollen nicht benachteiligt werden. Sie sagen, jetzt sei es genug: Silke sei bald 30. Eine Ausbildung hätten sie finanziert. Nun solle sie selber sehen, wie sie wirtschaftlich klarkomme. Silkes Weg wird sie wohl in die Sozialhilfe führen.

In Zeiten hoher Arbeitslosigkeit ist das Schicksal, es beruflich zu nichts zu bringen, kein singuläres und oftmals auch nicht von den jungen Menschen selbst zu verantworten. Jeder wird wohl selbst Beispiele aus seinem Lebensumfeld kennen, wo Eltern für ihre Kinder nicht oder nicht länger den Lebensunterhalt bestreiten wollen und dafür gute Gründe nennen können. Die Lebenserfahrung zeigt aber, dass die Familie auch dann, wenn die Kinder erwachsen und erwerbsfähig sind, sich als eine Verantwortungs- und Lebensgemeinschaft versteht und dass Eltern auch ihren erwachsenen Kindern oft finanziell unter die Arme greifen. Im kulturhistorischen und religiösen Erbe der meisten Gesellschaften sind die familiären Bande zwischen Eltern und Kindern bis ins Erwachsenenalter tief verwurzelt. Eltern, die ihre Kinder lieben, werden sich immer für ihr Wohlergehen einsetzen, wie auch umgekehrt Kinder für ihre Eltern bis ins hohe Alter sorgen werden. Die Familie ist auch eine Solidargemeinschaft.

Allerdings kann das Füreinander die Familie bisweilen überfordern. Manchmal sind die Beziehungen in der Familie gestört. Manchmal kann es aus ökonomischen, pädagogischen und psychotherapeutischen Aspekten angeraten sein, dass Eltern die finanzielle Unterstützung einstellen, wenn das Kind es beruflich zu nichts bringt. Es gibt aber auch Fälle, die Unbehagen bereiten, weil eine finanzielle Unterstützung für das erwachsene Kind geboten erscheint und diese ausbleibt. Im jüdisch-christlichen Glauben begründen die Gebote, den Nächsten zu lieben und Vater und Mutter zu ehren, eine Beistandspflicht. Diese Beistandspflicht kann im Lebensalltag aus den unterschiedlichsten Gründen an ihre Grenzen stoßen. In Deutschland gibt es auch für solche Fälle Lösungen, weil oft staatliche Transferleistungen in Anspruch genommen werden können. Solange das Kind in der ersten Ausbildung ist, müssen die Eltern – so sie können – ihre Kinder finanziell unterstützen. Um den Eltern nichts Unzumutbares aufzubürden, kommt die Solidargemeinschaft in der Regel für den Lebensunterhalt der Kinder ganz oder teilweise auf, wenn das Kind eine Ausbildung abgeschlossen hat und danach seinen Lebensunterhalt nicht selbst bestreiten kann. Mit Blick auf die konkrete Erwerbslosigkeit kann man auch Rat bei Pädagogen, Psychologen oder Personalberatern einholen, denn manchmal ist ihre Ursache nicht der mangelnde Arbeitsplatz, sondern ein Problem, das im jungen Erwachsenen selbst angelegt ist. Manchmal haben junge Menschen den für sie falschen Beruf gewählt oder das Arbeiten überhaupt nicht erlernt. Rat findet man z. B. bei den Arbeitsagenturen, den Trägern der Jugendsozialarbeit und der Jugendberufshilfe.

Um auf die – ein wenig polemisch gestellte – Frage zu antworten: Es gibt keine Pflicht, ein erwachsenes Kind „durchzufüttern". Aber die meisten Eltern machen es sich, Gott sei Dank, nicht leicht, wenn ihr Kind in Not ist. Es gibt Fälle unverschuldeter Not, in denen die Familienbande auch in materieller Hinsicht ein Leben lang halten. Und es zeichnet unsere Gesellschaft aus, dass die Solidargemeinschaft – selbst auf die Gefahr hin, ausgenutzt zu werden – am Ende auch die nicht allein lässt, für die kein Verwandter mehr einsteht, einstehen kann oder will.

**» Und umgekehrt: Sind im Beruf erfolgreiche Kinder verpflichtet, ihre arbeitslosen Eltern zu unterstützen? Oder ist das nicht Sache des Staates – schließlich zahlen wir ja alle Arbeitslosenversicherung? «**

*Andrea Nahles*

Meine Eltern haben Glück mit ihren Kindern. Keine Probleme an der Schule, keine Drogen, kein Ärger mit den Nachbarn oder der Polizei. Mein Bruder wird Arzt, ich schaffe es in den Bundestag. Und das ist nicht selbstverständlich in unserem 500-Seelen-Dorf in der Eifel. Vor allem aber: Wir haben Glück mit unseren Eltern. Es gibt klare Regeln. Wir müssen mit anpacken.

Nebenerwerbslandwirtschaft und Handwerkerbetriebsamkeit gehören zum Alltag. Meine Eltern trauen uns was zu, es geht auch gar nicht anders. Vielleicht ist ihre größte Leistung aber die, dass sie uns in Ruhe lassen. Sie haben keinen festen Fahrplan, was aus uns werden soll. Meinem Vater würde es reichen, wenn mein Bruder auch Maurer wird, schön wäre natürlich Ingenieur. Aber das muss nicht sein. Meine Mutter denkt sich für mich einen Halbtagsjob in einer Bank aus, aber als ich dann nach der Realschule doch Abitur machen will, stellt sie sich nicht in den Weg, sondern unterstützt mich. Überhaupt unterstützen sie uns immer, wenn es drauf ankommt. Ob bei den vielen Umzügen, Wohnungsrenovierungen, ob bei der Sanierung des Hauses meiner Urgroßeltern oder als Fahrdienst im Wahlkampf – immer können wir uns hundertprozentig auf sie verlassen. Sie sind unsere besten Freunde.

Ja, irgendwann sind aus den Eltern Freunde geworden, die sich halt manchmal wie Eltern benehmen. Ob ich meinen Eltern helfen würde, wenn sie arbeitslos, krank oder anderweitig hilfsbedürftig wären? Ja, selbstverständlich würde ich das. Und ich kann es für meinen Bruder genauso sicher zusagen. Das tun wir. Freiwillig. Ohne jede Diskussion. Wenn ich nun vor die Frage gestellt werde, ob dies zu einer Regel werden soll, verpflichtend von oben verordnet, dann werde ich allerdings skeptisch. Das hat den einfachen Hintergrund, dass ich weiß, sicher weiß, dass das, was ich für mich und meine Familie beschrieben habe, keineswegs selbstverständlich ist. So sehr wir es uns alle wünschen mögen, dass es die heile Familienwelt gibt, die Wahrheit ist es nur zu oft leider nicht.

Just vor wenigen Tagen kommt eine 13-Jährige in mein Bürgerbüro und schildert mir ihre Situation. Der Vater lange abgehauen, die Mutter mit neuem Freund verschwunden, sie lebt bei ihrer kranken Großmutter und hat kaum das Nötigste zum Leben. Aber damit beginnt sie das Gespräch nicht. Stattdessen legt sie mir ihr jüngstes Zeugnis vor, es ist erstklassig. Exzellente Noten. Ich stelle sie mir vor, wie sie trotz aller Widrigkeiten und durch die Gleichgültigkeit ihrer Eltern hindurch am Ende beruflich erfolgreich ist, vielleicht sogar gut verdient. Wie ist es dann in ihrem Fall? Soll sie dann auch noch für den arbeitslosen Vater aufkommen, der sich nie um sie gekümmert hat?

Wie viel Recht auf die eigenen Lebensperspektive billigen wir dem einzelnen Menschen zu? Ich kann mir schlechterdings einfach nicht vorstellen, dass wir eine Einstehenspflicht für alle Menschen verordnen. Für mich stößt der Staat hier an seine Grenze. Wo zwischen den Menschen das Geben und Nehmen, wo zwischen ihnen die Solidarität auch über Generationen hinweg gelebt wird, da kann man froh sein. Man kann solche Lebensformen auch staatlich fördern, wie wir es derzeit mit der Förderung von Mehrgenerationenhäusern tun. Aber eine Regel für alle kann dies nicht sein. Letztlich ist es nicht die gesamte Familie, sondern das Individuum, das wir betrachten und dem wir entsprechen müssen. Wer in die Familien hineinregiert, der wird viel Unrecht anrichten, ohne es zu wollen, davon bin ich überzeugt.

» **Meine Eltern haben immer darauf geachtet,**
**ihre Kinder gleich zu behandeln.**
**Ich verdiene mehr als mein Bruder.**
**Der hätte eine Finanzspritze nötig.**
**Soll die Erbschaft gleich verteilt werden?** «

*Eckart Gaddum*

Als kleiner Bub lag ich nachts im Bett und grübelte: von meinem Vater wollte ich eines Tages den blauen Strickpullunder erben, den der trug, wenn er sonntags das abgerechnete Kassenbuch vom „filius“ entgegen nahm. Neues Taschengeld war fällig. Und meine Mutter verband ich mit dem materiell völlig wertlosen, einfach gerahmten Van-Gogh-Druck, der im Flur des Hauses hing: Fischerboote am Strand – auf einem die Aufschrift „amitié“ (Freundschaft).

In beiden Fällen kindlicher Planung ging es mir – bewusst oder unbewusst – darum, für den Fall des Falles einen Verlust an Geborgenheit aufzufangen, irgendwie die elterliche Nähe zu sichern, die plötzlich wegbrechen könnte. Das kindliche Gemüt dachte den „Erbfall" allein vom Verlustschmerz her. Es ist nicht naiv, eine Erbschaft vor allem als Erinnerungsbrücke zu begreifen. Und sie kann auch tragen, wenn es im Ernstfall um mehr geht als einen Strickpullunder und ein kleines Bild.

Die jedem bekannten Geschichten von zerbrochenen Familien, gerichtlichen Auseinandersetzungen und wegen einer Erbschaft verfeindeten Geschwistern überwiegen jene, in denen alles gut ging. Die sogenannte „Erbengeneration", die nach Schätzungen bis zum Jahr 2010 Immobilien, Geld- und Gebrauchsvermögen im Wert von gut einer Billion Euro erbt, scheint alles andere als gut gerüstet. Das mag man als gesellschaftliches Alarmsignal deuten.

Für die einzelne Familie schlägt im Erbfall die Stunde der Wahrheit über den Wertekodex, der sie zusammenhält. Bewährung in einer Grenzsituation. Gerade Geschwister, vielleicht längst aus der Gemeinschaft des Elternhauses in neue, eigene Bindungen gewachsen, sind plötzlich zum gemeinsamen Handeln gezwungen. Längst auf eigenen Wegen, vielleicht in verschiedene berufliche und soziale Richtungen unterwegs, auch in verschiedenen materiellen Kontexten lebend, sollen sie plötzlich an den alten Tisch zurückkehren und geschwisterlich teilen.

Ganz sicher kann es dabei nicht um eine Art Wohlstandsausgleich unter ihnen gehen. Der „Reichere" darf nicht dafür „bestraft" werden, dass er vielleicht mehr Glück hatte. Der „Gesunde" muss nicht selbstverständlich verzichten, weil der „Kranke" etwas braucht. Zuerst steht hier ein letztes Mal die grundlegende Beziehung des Einzelnen zu dem Verstorbenen im Vordergrund. Und es muss gelten, dass vor den Eltern alle Kinder gleich sind – im Maß der liebevollen Zuwendung ebenso wie im materiell Zugedachten. Diese Gewissheit darf auch nicht durch noch so gut Gemeintes gefährdet werden. Das schließt eine Geste unter Geschwistern ja nicht aus.

Die Situation mag unerwartet kommen. Gerüstet kann man dennoch sein – über juristische Beratung hinaus. Alles fällt leichter, wenn es Geistiges und Kulturelles gibt, das die Hinterbliebenen zusammenhält, wenn man im Lauf der gemeinsamen Jahre ein gemeinsames Gespür für Gerechtigkeit und Verantwortung entwickelt hat. „Was du ererbt von deinen Vätern hast, erwirb es, um es zu besitzen." Das Wort von Johann Wolfgang von Goethe stellt den Moment des Erbens in einen längeren Prozess. Man ist Teil einer Familiengeschichte. Man nimmt treuhänderisch entgegen, was der Verstorbene aufgebaut hat. Materiell zu erben heißt, jenseits des reinen Wertes auch eine ideelle Verpflichtung anzunehmen. Wer den Moment des Übergangs von Besitz verkraften will, mag sicherer handeln, wenn er das materiell Ererbte nur als einen Teil des Weitergebens unter Generationen betrachtet, das im Grunde mit dem Tag der Geburt einsetzt und sich ein Leben lang vollzieht.

**»Die Eltern werden gebrechlicher, aber sie setzen sich nicht mit der Frage auseinander, ins Altenheim zu gehen oder in eine bequemere Wohnung umzuziehen. Soll ich sie dazu zwingen?«**

*Hans-Jochen Vogel*

Das ist eine Frage, zu der ich mich aufgrund eigener Erfahrungen äußern kann. Meine Eltern haben sie vor fast 30 Jahren dahingehend beantwortet, dass sie nach Gesprächen mit meinem Bruder und mir aus eigenem Entschluss in ein Altenwohnheim übergesiedelt sind. Die gleiche Antwort haben meine Frau und ich vor knapp einem Jahr gegeben. Ausschlaggebend war dafür, dass meine Frau infolge einer sich allmählich verschlimmernden Gehbehinderung mit der steilen Treppe zu unserer im 2. Stock gelegenen Wohnung nicht mehr gut zurecht kam und ihr auch das Einkaufen zunehmend Schwierigkeiten bereitete. Auch ich selbst war ja mit meinen inzwischen über 80 Jahren nicht mehr der Jüngste. Unsere Kinder waren mit unserem Entschluss ganz einverstanden. Sie hätten schon aus beruflichen Gründen eine nachhaltige Betreuung ebenso wenig übernehmen können, wie mein Bruder und ich dazu vor 30 Jahren hinsichtlich meiner Eltern in der Lage gewesen wären.

Aber nun zu der eigentlichen Frage: „Zwingen" im Rechtssinne kann ein Kind seine Eltern nur dann, wenn es vorher vom Vormundschaftsgericht als Betreuer bestellt worden ist. Die Voraussetzungen dafür sind ziemlich streng. Gebrechlichkeit allein reicht nicht aus. Außerdem kann man ja wohl niemand gegen seinen Willen zu einem Gespräch zwingen. Also kann es nur darum gehen, ob man den Eltern zureden oder sie sogar drängen darf, sich mit der Frage eines Umzugs auseinanderzusetzen.

Das darf, ja muss man gegebenenfalls, wenn die Lebenssituation der Eltern durch einen Umzug verbessert würde. Dabei muss man die objektiven Verhältnisse, aber auch die subjektiven Vorstellungen der Eltern ins Auge fassen. Natürlich spielt auch eine Rolle, was den Kindern billigerweise an kontinuierlicher Hilfeleistung zugemutet werden kann, wenn die Eltern den Umzug ablehnen. Es geht also um eine umfassende Klärung der Sachlage und dann um eine sorgfältige Abwägung, von deren Ergebnis auch abhängt, wie intensiv man den Eltern zureden soll.

Das Kriterium für eine solche Abwägung sollte meines Erachtens in erster Linie das Prinzip der Fürsorge sein. Einer Fürsorge, die der Verantwortung entspringt, auf dem Gefühl der Dankbarkeit beruht und die Eltern auch im höheren Alter als selbständige Persönlichkeiten respektiert. Als Maßstab ist zugleich aber auch das Gebot zu bedenken, niemandem etwas zuzufügen, was man selber hinzunehmen nicht bereit ist. Oder anders ausgedrückt, seinen Nächsten so zu lieben wie sich selbst. Das heißt, man muss sich immer auch fragen, wie man selber anstelle der Eltern handeln würde. Schließlich sollte man sich auch in diesem Fall so verhalten, dass man im Nachhinein mit sich im Reinen sein kann. Darum genügen Zweckmäßigkeitsargumente – und gar solche egoistischer Art – keinesfalls. Das Ergebnis muss vielmehr einer wertbezogenen Betrachtung standhalten.

Noch etwas empfehle ich aus eigener Erfahrung: nämlich das Gespräch rechtzeitig zu führen. Der Umzug – insbesondere in ein Altenwohnheim – sollte nicht erst stattfinden, wenn gar keine andere Möglichkeit mehr bleibt, sondern zu einem Zeitpunkt, in dem man körperlich und geistig noch einigermaßen bei Kräften ist und sich deshalb ohne große Probleme an die neue Umgebung gewöhnen kann. Das erleichtert später auch das Leben in der Phase, in der man dann umfassender Pflege bedarf.

**» Die Eltern werden älter – sie haben sich zeit ihres Lebens für ihre Kinder eingesetzt. Jetzt leben die Kinder in weit entfernten Städten, haben ihr eigenes Leben, ihren eigenen Beruf. Die Eltern reisen ungern. Sind die Kinder verpflichtet, sie regelmäßig „zu Hause“ zu besuchen? «**

*Wibke Bruhns*

Was habe ich denn gemacht? Ich wohnte weit weg, als die Mutter noch lebte, in Israel, in den USA. Ich war beruhigt, weil die Schwester bei ihr in der Nähe war. Entlastet war ich natürlich auch. Telefoniert habe ich oft, ein-/zweimal in der Woche, und häufig reiste ich an. Aber wenn ich ehrlich bin: Es waren in der Regel Dienstreisen damit verbunden. Ich konnte anderes gleichzeitig erledigen und – der Arbeitgeber zahlte die Flugkosten. Die Redaktion und die Mutter saßen beide in Hamburg. Das war eine glückliche Fügung, trotzdem hätte ich, habe ich auch Flüge selbst bezahlt. Denn ich wollte sie sehen, ich wollte mit der Mutter reden. Ich wollte sie in den Arm nehmen, solange das noch ging.

Wie ist das heute? Ich bin umgeben von Eltern mit erwachsenen Kindern. Der günstigste Umstand: Beide leben in derselben Stadt. Aber davon reden wir hier nicht. „Weit weg" ist die Hypothese – wer fährt zum anderen? Wenn ich das entscheiden soll, schicke ich die Eltern los. Die „reisen nicht gern", heißt es. Aber solange sie es noch können, kann das kein Grund sein, es nicht zu tun. Es kommt darauf an, was Eltern wollen. Wollen sie ihre Kinder sehen, einen Abend lang mit ihnen reden, vielleicht noch sie zum Frühstück treffen am nächsten Morgen? Dann sollten sie sich auf die Strümpfe machen.

Denn die Kinder, die erwachsenen Kinder, schaffen das in der Regel nicht. Im Studium geht das noch, in der Ausbildung. Aber dann? Dann haben die ihren Beruf und einen Tagesplan, der doch ein bisschen enger ist als derjenige der Eltern. Möglicherweise – hoffentlich – haben die Kinder selber Kinder. Erinnern wir uns, wie aufwendig das war, mit den kleinen Thronfolgern zu reisen? Wenn Eltern maulen, weil – erwachsene – Kinder nicht „nach Hause" kommen, dann sitzen sie einem Irrtum auf. Das elterliche Haus, die Wohnung, ist Kindheit. „Zu Hause" ist für die Kinder heute woanders.

Eltern, die „sich zeit ihres Lebens für ihre Kinder eingesetzt haben", bekommen diesen Einsatz nicht zurück. Kinder, das liegt nun mal in ihrer Natur als Kinder, sind grenzenlos ichbezogen. Eltern wissen das. Sie haben sich eingesetzt, damit die Kinder auf eigenen Füßen stehen können. Dazu gehört, dass deren eigene Füße in andere Richtungen laufen. Sind wir, als wir erwachsene Kinder waren, mit den Eltern im Gleichschritt gegangen?

Wenn wir Glück haben, heute, dann mögen wir uns, die Kinder und wir. Es gibt kein „jetzt seid ihr dran" seitens der Eltern. Es gibt die Freude an den Kindern. Oder auch nicht.

Wenn wir über Werte reden – ist das vierte Gebot ein Wert? „Du sollst deinen Vater und deine Mutter ehren, auf dass dir's wohlgehe und du lange lebest auf Erden." Von Besuchen ist da nicht die Rede. Aber dass dieses Gebot in der Reihe der zehn, die Moses vom Herrgott in Empfang genommen hat, vor Mord, Ehebruch, Diebstahl und Verleumdung rangiert, ist nicht nur ein Hinweis auf orientalische Familienhierarchien. Niemand von uns ist wurzellos. Jeder von uns muss nicht, aber würde gern einen freundlichen Bezug zu dem und denen bewahren, die uns in unserer Welt geprägt haben. Das sind die Eltern, und im Verhältnis zu den Kindern ist Gemeinsamkeit keine Pflicht, sondern ein Geschenk. Eltern sind etwas anderes als Freunde. Eltern sucht man sich nicht aus. Ohne die Eltern wirst du zur Waise – allein mit deiner Verantwortung. Nirgendwo mehr die Schürze, unter der du dich verkriechen kannst.

Was folgt daraus? Eine Pflicht zu Besuchsreisen kreuz und quer durchs Land gibt es nicht. Aber vielleicht das Bedürfnis. Vielleicht die Sehnsucht nach Geborgenheit. Vielleicht Zärtlichkeit. Das gilt für die Kinder. Für alte Eltern ist ein Leben ohne die Kinder weniger Leben. Der Beruf ist längst vorbei. Die Freunde sterben weg. Loslassen geht nur, wenn etwas anderes an die Stelle tritt. Das zu finden, kann nicht Aufgabe der Kinder sein.

**» Unsere Familie hat immer zusammengehalten. Mein Bruder ist jetzt in rechtsradikale Kreise geraten, mit ihm ist nicht mehr zu reden. Ist es richtig, den Kontakt mit ihm abzubrechen? «**

*Dietmar Mieth*

Sucht man, was mir als Theologen naheliegt, nach einer biblischen Weisung für diese Frage, dann wird schnell klar, dass es keine so klare Regel gibt. Denn einerseits lehrt etwa das Gleichnis vom „verlorenen Sohn“: Es gibt keine Grenzen für das Angebot der Gemeinsamkeit, sogar wenn dies auf Kosten anderer geht. Andererseits haben die neuen Familien der Christen und Christinnen durchaus Grenzen für die Zugehörigkeit gesetzt, trotz christlicher „Brüderlichkeit“ (Geschwisterlichkeit).

Bei der oben gestellten Frage habe ich schon ein Problem mit dieser Erfassung der Situation durch den Betroffenen selbst: „Mit ihm ist nicht mehr zu reden.“ Da scheint doch ein pharisäischer Unterton hineinzukommen. Heißt das: „Er hört nicht mehr zu“? Oder: „Man kann ihn nicht bekehren“? Oder noch stärker: „Er ist im Reich des Bösen angelangt“? Dazu stellt sich die Frage: „Worüber kann man mit ihm nicht reden“? Über alles nicht, über ein bestimmtes Thema nicht, über Politik nicht? Ist Rechtsradikalität etwas, was alles andere aufhebt?

Wer nachdenkt, unterscheidet zwischen der Person und der Einstellung in einer bestimmten Sache. Gewiss wirkt sich diese Einstellung auf die ganze Person aus. Aber inwiefern und inwieweit? Wer den Kontakt abbricht, bricht die Person aus der Beziehung heraus. Ich erinnere mich an einen belgischen Jugendfreund, der mir später als Kandidat für den „Vlaamse Blok“ begegnete, eine flämische rechtsradikale Vereinigung. Er war anders geworden, aber nicht ein anderer. Welche Person ist so, dass sie in allen Facetten in einer Sache aufgeht?

Prekärer wird die Sache, wenn es um einen Familienangehörigen, den Bruder geht. Der Zusammenhalt der Ursprungsfamilie ist ein Wert, der sich aus der Notwendigkeit der natürlichen und sozialen Lebensressource ableitet: Aus ihr kommen wir her, von ihr wurden wir gefördert und gestützt (manchmal freilich auch gehemmt). Das geben wir weiter. Nähe und Vertrautheit, Verständnis und Toleranz, Anerkennung und Einfühlungsvermögen – die familiären Tugenden werden darüber hinaus im Leben wichtig. Die Familie garantiert sie freilich nicht, sie fordert sie nur. In eine solche Ressource kann man sich zurückziehen. Man kann sich aus ihr befreien, ohne sie zu verlieren. „Du bleibst unser Kind", sagen die Eltern. Die Familie hält Kontakt. Gewiss kann Kontakt auch verloren gehen. Dann kann er aber nicht mehr „abgebrochen" werden.

Der Zusammenhalt in der Familie ist kein absoluter Wert. Aus Zusammenhalt über sexuellem Missbrauch hinwegzusehen, wäre falsch. Die Verletzung der selbstbestimmten Freiheit der einzelnen Person wäre falsch. Es gibt eine Hierarchie der Werte, und es gibt Wertvorzugsurteile. Man/frau verlässt die Familie, man/frau hat das Recht, eine andere zu werden usw. Familienwerte sind also verträglich mit der Personwürde zu gestalten.

Zur Person zu stehen heißt nicht, deren Sache zu akzeptieren. Die Differenz muss klar sein und muss geklärt werden. Wo der Zusammenschluss nicht wie in der Ursprungsfamilie vorgegeben, sondern gewählt ist, sind explizite Bedingungen dafür gegeben, deren Nichteinhaltung zum Ausschluss führen kann. Das ist aber nicht Ausschluss vom Kontakt! Zudem: Weder ist die Familie ein Verein, noch ist ein Bruder eine Wahl. Auch die Menschheit, die wir in uns achten, wenn wir von Menschenwürde sprechen, ist kein Verein, dem man beitritt oder aus dem man austreten kann. In diesem Sinne sind „Brüder" die „umschlungenen Millionen" aus Schillers *Hymne an die Freude*. Aus der Ursprungsfamilie und aus der Menschheitsfamilie wirft man niemanden hinaus.

Er gäbe noch die Zwischenlösung. Man verweigert den Kontakt nicht, aber man gestaltet ihn nicht aktiv. Dann muss man aber jedes Mal neu überlegen. Denn eine Nicht-Einladung zu einem Familientreffen wäre ja schon eine Verweigerung. Aber kann das nicht auch dramatischer werden, z.B. bei einem Einverständnis mit „Verbrechen wider die Menschlichkeit“? Oder hautnäher ausgedrückt: bei Ansteckungsgefahr in der Familie? Bei schlechtem Einfluss auf die Kinder? Das ist die Faule-Apfel-Geschichte: ein fauler Apfel im Korb, und alle werden schlecht. Zum Glück sind Menschen keine Äpfel und solche Sprüche nur Halbwahrheiten. Menschen können sich selbst immun machen, im Unterschied zu Äpfeln können sie sich wehren.

Aber gibt es nicht doch die Extreme der Borniertheit, der Verleugnung von Basiswerten und der Gewaltbereitschaft, Extreme, die sich nicht integrieren lassen? Da gilt es jedoch zu beachten: Der Bruder wird nicht integriert, er ist ja schon drin. Zugleich ist er draußen, weil er sein eigenes, nicht aus der Familie ableitbares Selbstkonzept hat. Es ist durchaus gewichtig und u.U. gefährlich, was er von draußen nach drinnen bringt. Man kann freilich das Thema wechseln, sich Tiraden und Parolen verbieten, missionarische Attitüden entlarven.

Den Kontakt nicht abzubrechen, sondern anders zu gestalten ist die Verpflichtung zur Brückenbildung, in der Familie wie, unter veränderten Vorzeichen, in der Menschheitsfamilie. Den Kontakt klug und verantwortlich zu gestalten, ist die Aufgabe. Das könnte unsere moralische Fantasie anspornen. Denn Regeln und Gebote sind das eine, die Abwägung zwischen ihnen ist das andere.

»Mein Sohn lebt mit einem Mann zusammen. Sie haben ihre Lebensgemeinschaft rechtlich eintragen lassen. Sollen wir es der Großmutter sagen, die damit vermutlich große Probleme haben wird? Ist es nicht aus Solidarität mit meinem Sohn wichtig, diskret mit seiner homosexuellen Orientierung umzugehen – einfach, um ihn vor dem Gerede der Leute zu schützen?«

*Susanne Gaschke*

Wichtig ist die Solidarität mit meinem Sohn: Als Mutter will ich erstens bis zehntens, dass es ihm gut geht und dass er möglichst glücklich ist. Zum Glücklichsein gehört, dass er seine sexuelle Orientierung frei und offen leben kann – und dass der Mensch, den er liebt und mit dem er sein Leben verbringen will, sich in unserer Familie willkommen fühlt. Von schwulen Freunden und Bekannten weiß ich, dass die Heimlichtuerei, das Sich-verstecken-Müssen zu den schwersten Belastungen des Schwulseins gehört und dass viele von ihnen sich unendlich viel besser fühlten, als das „Unsagbare" endlich gesagt war. Das bedeutet ja nicht, dass man die Umwelt ständig mit Details aus dem eigenen Sexualleben belästigt, sondern nur, dass an einem bestimmten Punkt Klarheit über die eigene Person hergestellt wird.

Ich glaube, dass die Umwelt im Allgemeinen heute sehr viel gelassener auf eine solche Offenbarung reagiert als vor zwanzig Jahren. Die schwulen Aktivisten der Achtziger hatten ja auch oft etwas sehr Schräges, Schrilles und kultivierten die Tuntenhaftigkeit auf ziemlich nervtötende Weise. Schon damals habe ich mich gefragt, ob es nicht massenhaft Leute gibt, die nicht schrill und schräg, sondern einfach nur bürgerlich sein wollten – und eben schwul. Aber man darf nicht ungerecht sein: Jede Befreiungsbewegung muss übertreiben, damit sie wahrgenommen wird. Und der Stil der 80er Jahre hat den Weg bereitet für vollkommen unangestrengte Schwule. Die aber schaffen ein Umfeld, in dem es auch mein Sohn riskieren kann, ja, um seines Seelenfriedens willen riskieren sollte, offen zu leben.

Dazu muss man sich allerdings nach meiner festen Überzeugung selbst entschließen – jedes unfreiwillige Outing ist ein ungeheuerlicher Eingriff in die Persönlichkeitsrechte eines anderen Menschen. Vor allem deshalb, weil es natürlich, trotz aller Toleranzfortschritte, noch jede Menge verdeckte Schwulenfeindlichkeit gibt. Bei der Großmutter würde ich abwägen: Meinem Sohn vielleicht von einem abstrakten Bekenntnis seiner Orientierung abraten, wenn gerade kein Freund in Sicht ist und wir beide wissen, wie schwer die alte Dame seine Lebensweise verstehen würde. Doch sobald es den geliebten anderen Mann gibt, den Freund oder Lebenspartner – was sollten wir da tun? Er muss doch mit uns am Tisch sitzen! Da wird, fürchte ich, die Großmutter ihren Familiensinn zusammenraffen müssen.

Innerfamiliär lässt sich vermutlich das meiste ganz gut regeln. So sind ja Familien, dass sie auch gegen Widerstände und Schwierigkeiten zusammenhalten. Auch der Freundeskreis, die Studien- und Ausbildungskollegen meines Sohnes scheinen mir kein großes Problem zu sein. Wirklich schwierig ist das offene Schwulsein immer noch in vielen Unternehmen. Kluge Firmen haben zwar erkannt, dass das alberne Versteckspiel ihre Mitarbeiter nur belastet und von der Arbeit ablenkt – aber es gibt genug andere. Wenn mein Sohn bei einem dieser *anderen* Unternehmen Arbeit gefunden hätte, würde ich wissen, wie schwer Offenheit in der Frage der sexuellen Orientierung ihm dort fallen würde. Ich würde zumindest ahnen, was für einen Kampf er dort zu kämpfen hätte – und tief und schmerzhaft und empört mit ihm fühlen. Aber ich glaube, ich würde ihn trotzdem zum Kämpfen ermutigen. Weil nur so die Welt vernünftiger wird.

**» Die Schwiegermutter wird zum Pflegefall. Ist die berufstätige Schwiegertochter – nachdem die eigenen Kinder aus dem Haus sind und sie endlich Zeit zum „Leben" hätte – eigentlich verpflichtet, sie zu Hause zu pflegen? «**

*Verena Kast*

Bei dieser Frage hätte sogar meine Mutter, Jahrgang 1902, die Stirne gerunzelt und bemerkt, das sei aber eine altmodische Frage. Dabei war für sie der Generationenvertrag unverbrüchlich. Sie hatte ihre Pflegemutter „zu Tode" gepflegt, darauf war sie stolz. Für sie war es selbstverständlich, dass auch ihre Kinder für sie sorgten, wenn sie nicht mehr für sich selber sorgen konnte. Sie hätte nach dem Sohn gefragt, denn schließlich ist es doch seine Mutter. Und weiter hätte sie apodiktisch gesagt: Wenn die beiden sich verstehen, findet sich ein Weg, und wenn sie sich nicht verstehen, dann: „Arme Schwiegermutter!" Und wahrscheinlich hätte sie in ihrer pragmatischen Art noch angefügt, falls die Schwiegermutter schwer pflegebedürftig sei, könne ein einzelner Mensch die Pflege sowieso nicht leisten. Was hätte sie angeregt? Solidarisch – auch in der Pflege – haben auch Söhne, Männer, zu sein. Nicht wer Zeit hat, ist allein entscheidend, sondern die Qualität der Beziehung ist es mindestens so sehr. Und: Ein einzelner Mensch kann das gar nicht leisten.

Eine Generation später, durch die Frauenbewegung geschult, fällt mir die Gegenprobe ein: „Muss ein Schwiegersohn, der jetzt gerade pensioniert worden ist, und endlich seinen Liebhabereien nachgehen könnte, diese zurückstellen und seinen pflegebedürftigen Schwiegervater pflegen?" Diese Fragestellung ist etwas gewöhnungsbedürftiger, dabei ist bekannt: Männliche Pfleger verrichten ihre Arbeit ebenso gut wie Pflegerinnen; pflegen zu können und pflegen zu wollen ist nicht geschlechtsspezifisch. Es gibt aber große individuelle Unterschiede in der

Begabung zum Pflegen, bei Frauen und bei Männern. Und bei beiden können wichtige Aspekte ihres Lebens brachgelegen haben – es kann höchste Zeit sein, Zeit für sich selber zu haben, um die Lebendigkeit nicht ganz zu verlieren.

Es geht also nicht einfach darum, was „man" muss in dieser Situation, sondern um verantwortliches Handeln im Kontext des eigenen aktuellen Lebens und der Beziehung sowie der Frage, wie man Mitmenschlichkeit in dieser Situation verstehen will. Um diese Fragen zu beantworten, ist die Qualität der Beziehung zentral, auch angesichts der Pflegebedürftigkeit. Es geht um Liebe zu diesen alten Menschen, um Empathie: Wie wäre mir selbst zumute, wenn ich plötzlich nicht mehr kann, was ich immer gekonnt habe – und auf Hilfe angewiesen bin? Können wir einen Menschen pflegen, der Dankbarkeit nicht mehr oder nur noch selten zum Ausdruck bringen kann, im Gegenteil vielleicht sogar widerborstig ist? Der stur behauptet, eine Bank sei ein WC? Eine nachhaltig wohlwollende, gelassene Haltung ist nur möglich, wenn auch der pflegende Mensch noch Freiräume hat, ein eigenes Leben lebt, den eigenen Interessen auch nachgehen kann, nicht allein verantwortlich ist. Zur Qualität der Beziehung gehört auch die Geschichte, die man miteinander gehabt hat: Wie nah ist man sich gekommen im Laufe des Lebens, ist man einander dankbar – oder ist man abständig, misstrauisch?

Sicher, die meisten Menschen möchten gerne großherzig sein. Aber: Man kann nur geben, was man hat. Es gibt Situationen, in denen unsere Großherzigkeit erschöpft ist. Es gibt Situationen, in denen man für sich selber sorgen muss, weil man sonst krank wird. Und das ist nicht einfach Egoismus. (Den gibt es natürlich auch.) Das Problem wird nicht einfach dadurch gelöst, dass ein Mensch, der gerade zur Verfügung steht, eingesetzt wird. So wäre das Problem oberflächlich vom Tisch, aber zu wenig berücksichtigt wäre, dass das hohe Alter und der anstehende Tod eines Familienmitglieds ein Lebensthema – und nicht nur ein Problem – für die ganze Familie ist. Es stellt sich also die Frage, wer welche Ressourcen an Zeit, an Freundlichkeit, an Zärtlichkeit, an Empathie jeweils einbringen kann, damit auch dieser letzte Lebensabschnitt würdig begangen werden kann.

Um die gestellte Frage klar zu beantworten: Nein, die Schwiegertochter muss nicht. Sie muss schon gar nicht allein. Sie kann – in dem Maße, wie es für ihre Situation richtig ist; sie hat nicht nur anderen gegenüber, sondern auch sich selbst gegenüber eine Verpflichtung. Was bleibt? Solidarität im Familienverband, Beziehungsethik statt Pflichtethik. Miteinander tragen und nicht die ganze Last einem Menschen allein aufbürden. Eine Lösung finden, die alle zehn Jahre lang aushalten können. Dann kann man sich großherzig erleben –, liebevoll verbunden mit dem Pflegebedürftigen, ohne sich selbst zu überfordern.

# Kapitel 3

## Unsere Wurzeln
## Was bindet uns?

**Die Kirche hat in ihrer Geschichte so viele Fehler gemacht. Kann ich an Gott glauben, auch ohne Bindung an eine bestimmte Konfession?**

*Katrin Göring-Eckardt*

Über Jahrhunderte hinweg war die Kirche die moralische Instanz schlechthin. Sie wies den Menschen den Weg, ihr Wort galt verbindlich und ihre Gebote prägten das gesellschaftliche Miteinander. Heute hat sie diese unbedingte, alleinige Prägekraft verloren, ein Umstand übrigens, den man nicht bedauern muss. Es ist gut, dass wir Traditionen selbstbewusst hinterfragen, es ist gut, dass wir in einer auch religiös pluralen Gesellschaft leben, in der Kirche und Staat getrennt sind. Der Kirche gibt dies die Möglichkeit, sich auf ihren Kernauftrag zu konzentrieren, den sie durch übergroße Nähe zum Staat in der Geschichte allzu oft vernachlässigt hat.

In dieser Situation des relativen Bedeutungsverlustes der Kirche stellen die Menschen gleichzeitig die Frage nach der Religion neu. In einer unübersichtlich gewordenen Welt suchen sie Orientierung und verbindliche Werte. Bei aller Hektik des Alltags, Leistungsdruck, Informationsflut und der Fixierung auf materielle Werte bleibt die Sehnsucht nach dem größeren Ganzen, nach dem, was sich mit Geld nicht kaufen lässt. Häufig kommen die Kirchen dabei nicht in den Blick, manchmal wird ihre Bedeutung geradezu verneint, gemäß dem Slogan „Gott ja – Kirche nein".

Zum Misstrauen der Institution gegenüber tritt ein Individualismus hinzu, der es gewohnt ist, auf dem großen Markt der Möglichkeiten zu wählen, was am besten zu passen scheint. Von Bausteinspiritualität ist die Rede und von Patchworkreligion. Authentizität, ein Grund, der trägt, und Antworten auf Sinnfragen, die nicht beliebig bleiben, werden so jedoch nicht zu finden sein. Religion kann man sich nicht basteln, sie ist kein von Menschen gemachtes Konstrukt. Ohne religiöses Erlebnis, ohne den entscheidenden Moment, in dem man ergriffen ist und ergriffen wird, funktioniert es nicht.

Spiritualität und Glaube sind etwas sehr Persönliches. Aber eine Beziehung zu Gott kann es ohne Gemeinschaft mit den Menschen nicht geben. Allein schon, dass Christen heute glauben, verdanken sie der Weitergabe der Geschichten und Erzählungen, begonnen durch jene, die Jesus begegnet sind, und fortgesetzt durch die Zeiten hindurch. Ohne Kirche bleibt Glaube so kurzlebig wie Schmetterlinge im Bauch beim Verliebtsein, ein Ausnahmezustand ohne Dauer. So wie Liebe in den Alltag übersetzt werden muss, um tragfähige Partnerschaft zu sein, wird Glaube zwar institutionalisiert, aber trägt durch Formen und Ritus über den Moment hinaus.

Glaube lebt vom Miteinander, von der Übernahme der Rituale von den Alten und der Weitergabe der Gebete an die Kinder, vom Versuch, den Jugendlichen Orientierung zu geben, und von der gemeinsamen Feier des Mahles. Das Erleben von Gemeinschaft ist ein ganz wesentlicher Beitrag, den die Kirchen zum gelingenden Miteinander einer individualisierten Gesellschaft leisten können. Die Erfahrung, dass Menschen füreinander verantwortlich sind, dass sie einander helfen müssen, weil sonst nichts funktioniert, und die Erfahrung, dass jeder Einzelne aufgehoben und wertvoll ist, unabhängig von Hautfarbe, Herkunft und Geldbeutel.

Glaube braucht Heimat, Verortung. Dabei ist es nicht immer leicht, sich in die Gemeinschaft, in ein gewachsenes Ganzes einzufügen. Schwieriger jedenfalls, als unverbindlich zu bleiben, sich nur das Angenehme herauszupicken und sich am Unbequemen nicht zu reiben.

Kirche ist nicht frei von Fehlern. Vor allem wenn die Menschen, die sich in ihr versammelten und jene, die sie leiteten, sich haben blenden lassen vom Streben nach innerweltlicher Macht und von Ideologien oder sich instrumentalisieren ließen, ist Kirche schuldig geworden. Dies muss eingestanden und um Vergebung gebeten werden. Eine fehlerlose Kirche aber wird es auch zukünftig nicht geben, denn sie ist kein abstraktes Gebilde, sondern die Gemeinschaft der Gläubigen, also von Menschen, die nicht fehlerlos sind.

Über Form und Struktur von Kirche wird immer wieder zu reden sein. Über den rechten Weg der Nachfolge auch und über Gemeinsames und Trennendes der Konfessionen. Aber ohne Bindung an Kirche, ohne Gemeinschaft ist Glaube nicht lebbar.

## »Mein Kind will sich einer religiösen Gruppe anschließen, die ich für problematisch halte. Muss ich ihm seine Freiheit lassen oder wie energisch muss ich es daran hindern?«

*Karin Kortmann*

Meine erste Reaktion auf die vorgegebene Frage war: Das Thema betrifft nicht meinen konkreten Familienalltag. Unsere Kinder sind (noch) in einem Alter, in dem die vorgegebenen Werte und Verhaltensanleitungen der Eltern konkrete Maßstäbe setzen und meist widerspruchslos, manchmal auch unter Protest befolgt werden. Was aber, wenn sie vier, fünf Jahre älter werden? Vielleicht wird die jetzt noch theoretische Frage uns ganz praktisch als Eltern herausfordern und ganz unmittelbar mich, die ich über die katholischen Jugendverbände so stark kirchlich sozialisiert wurde.

In unserer knapp 8000 Einwohner zählenden Eifel-Gemeinde gab es kein breit gefächertes Angebot an Jugendarbeit. Die Auswahl bestand in der Kaplansgruppe und der Deutschen Pfadfinderschaft St. Georg. Meine Freundinnen und ich entschieden uns für die DPSG: ein koedukativer Verband, der mit seinem Leitwort „Pfadfinder – ein anderer Weg“ näher an unsere jugendlichen Gefühlslagen und Lebensvorstellungen heranreichte. Die pädagogische Leitidee „die Gruppe bestimmt ihr Programm“ weckte bei uns mehr Sympathien als die mutmaßlich kirchentreue Jugendarbeit des Kaplans. Selbständigkeit, Selbstbestimmung, Selbstorientierung waren Ziele, die wir anstrebten.

Während ich diese ersten Zeilen schreibe, kommt meine zwölfjährige Tochter zu mir und fragt ahnungslos, was ich arbeite. Ich lese ihr die Frage vor, die ich beantworten soll. Interessiert setzt sie sich zu mir und sagt: „Das ist doch gar nicht so schwer. Es kommt natürlich darauf an, wie alt das Kind ist. Aber du wirst es doch sicherlich fragen, wie es zu seiner Entscheidung gekommen ist. Und du willst sicherlich auch wissen, was ihm an dieser religiösen Gruppe gefällt. Stimmt's?“

Und schon sind wir mitten im Thema. Ich werde nicht vier, fünf Jahre warten. Judith spiegelt mir gerade wider, welche Regeln sie von mir in unserem Zusammenleben kennen und offenbar auch schätzen gelernt hat. Ich bemühe mich mit meinem Mann darum, dass aus unseren Kindern selbständige Persönlichkeiten werden, dass sie mit ihrer je eigenen Urteilskraft Situationen bewerten und Lösungen abwägen können. Sie sollen sich trauen und sich etwas zutrauen. Unerlaubte Fragen gibt es nicht, Geheimnisse sind zu respektieren und Rat und Hilfe immer da. Auch wenn nicht beide Elternteile immer zu Hause sein können, sie sind nie allein: Einen Ansprechpartner haben sie immer an ihrer Seite. Mit zunehmendem Alter und größer werdender Verantwortung wird der Radius der Selbständigkeit größer und der der elterlichen Begleitung kleiner.

Aber wir reden hier ja nicht darüber, wie lange abends vor dem Einschlafen noch die Hörspielkassette laufen darf oder ob es nicht mal wieder Zeit ist, das Zimmer aufzuräumen. Bei der Frage, ob sich mein Kind einer religiösen Gruppierung anschließt, die ich ablehne, geht es um meine Verantwortung und, wie ich meine, eine zulässige Einmischung. Da kann ich nicht einfach danebenstehen und sagen: Ist schon in Ordnung, wie du dich entscheidest. Nein, hier gilt es Farbe zu bekennen und meine ablehnende Haltung zu begründen. Das bin ich meinem Kind schuldig.

Es hat Anspruch auf meine Bewertungen. Es hat aber auch Anspruch auf die Freiheit der Entscheidung. Es darf und es muss sogar zu einer eigenen Entscheidung kommen. Es wird diese Entscheidung treffen, vielleicht als Trotzreaktion gegenüber seinen Eltern, im Sinne der Mehrheit im Freundeskreis oder aus tiefster religiöser Überzeugung – was auch immer. Solange mein Kind mit mir darüber spricht, sich sein Urteil bestätigen oder ablehnen lassen will, vielleicht auch laut Zweifel äußert, so lange ist ein Band der Verständigung gegeben. Und das gilt es stabil zu halten. Auch wenn ich seine Entscheidung ablehne, muss es sich sicher sein, dass ich es deshalb nicht als Person ablehne. Die Tür muss immer so weit geöffnet bleiben, dass es eine Chance hat zurückzukommen. Diese Erfahrung habe ich mit meinen Eltern machen dürfen und ich wünsche mir sehr, dass ich sie jederzeit auch meinen Kindern geben kann.

Jetzt kommt Judiths jüngerer Bruder Philipp zu mir an den Schreibtisch und bittet mich ebenfalls zu sagen, was ich schreibe. Ich lese ihm den Text vor. „Sind gute Worte drin“ ist sein kurzer Kommentar.

## » Ist es in Ordnung, des weißen Kleides wegen kirchlich zu heiraten, wenn jemand eigentlich nicht gläubig ist, aber die Tradition und die Ästhetik schätzt? «

*Stephan Krebs*

Am Hochzeitstag von Kerstin und Tom sind alle lieb. Die Braut im weißen Kleid und der Bräutigam im schwarzen Anzug treten vor den Altar. Am Ausgang der Kirche gratulieren ihre Eltern gerührt, die Freundinnen gratulieren sentimental und auch die Freunde tun es artig. An den Tagen davor und danach war im Bekanntenkreis anderes zu hören: Die heiraten in der Kirche?! Da hat man die beiden doch seit Jahren nicht mehr gesehen! Und in Weiß?! Wo die beiden doch schon seit Jahren Haus und Bett teilen!

Was mir an der Kritik an Kerstin und Tom gefällt, ist der Wert, der dahinter steht: Aufrichtigkeit sich selbst gegenüber. Ein Ritual entfaltet seine Wertigkeit nur, wenn es in sich stimmt. Die Brautleute müssen sich aufrichtig fragen, was ihnen Kleidung und Trauung bedeuten. Passt die Festkleidung nicht zu ihren Persönlichkeiten, dann entwerten sie sich selbst, weil sie dann wie Kleiderständer wirken. Eine bloß äußerlich gemeinte Show in der Kirche wird niemanden bewegen. Denn der Gottesdienst bleibt geistlos, sofern ihn der Heilige Geist nicht unerwartet zu einem geistlichen Erlebnis macht. Tradition muss also immer neu belebt werden, sonst erleidet sie – wie derzeit in vielen Milieus – zu Recht einen Wertverlust.

Die Kritik verstößt allerdings gegen ihren eigenen Wert – die Aufrichtigkeit –, wenn sie, wie es häufig ist, nur über und nicht bei den Betroffenen geäußert wird. Wird dies offen und ehrlich getan, dann können Kerstin und Tom erzählen, dass sie zunächst einfach nur flexibel waren und beschlossen haben, auf die Wünsche der frommen Großeltern und traditionell gesinnter Verwandter einzugehen. Für sie war das ein Ausdruck von Respekt, ein anderes Wort für Wertschätzung. Dann kamen Kerstin und Tom intensiv ins Gespräch über die Ehe. Dabei hatten sie geistliche Tiefendimensionen entdeckt, die ihnen neu waren. Sie hatten verstanden: Die Bedeutung des „Ja, mit Gottes Hilfe“ zielt auf das ganze weitere Leben, sie übersteigt alle bisherigen Lebensentscheidungen und wirft auch religiöse Fragen nach Sinn und Ziel des Lebens auf. Dafür empfanden sie Trauung und festliche Kleidung als angemessen. Das Weiß deuteten sie weniger als Symbol für sexuelle Unschuld, sondern als Zeichen für Vollkommenheit und Seligkeit und als Farbe der Engel. Wer wünschte sich nicht ein Eheleben ohne Makel und himmlische Unterstützung dazu!? Die schöne Kirche war damit mehr als nur eine festliche Kulisse, sie war der Ort mit dieser spirituellen Tiefendimension, der das Paar im Segen geistlich miteinander und mit Gott verbindet.

Das weiße Hochzeitskleid symbolisiert traditionell die Unschuld der Braut, die kurz vor der Hochzeitsnacht noch ein letztes Mal hell aufleuchtet. Ob es sinnvoll ist, kirchlich zu heiraten, ist eine Anfrage an den persönlichen Glauben. Diese Anfrage können nur Kerstin und Tom beantworten – und Gott. Niemand sonst sieht tief genug in ihr Herz und weiß genug über ihre persönlichen Hoffnungen und Zweifel. Aus gutem Grund prüfen die Kirchen bei der Aufnahme ihrer Mitglieder nicht, ob deren Glaube vollwertig oder minderwertig ist. Sie vertrauen auf die persönliche Gewissensentscheidung. Und sie trauen Brautleute, wenn diese das wollen und sofern mindestens einer als Kirchenmitglied seinen Bezug zu erkennen gibt.

Manches hätten Kerstin und Tom vielleicht nicht genau erklären können, da sie es aus dem Bauch heraus entschieden haben. Aber manchmal weiß der Bauch mehr über persönliche Wertsachen als der Kopf. Ich bezweifle also, dass es die oft unterstellte Leichtfertigkeit rund um das weiße Kleid und die Hochzeit wirklich so häufig gibt. Eher empfehle ich Selbstkritik bei Werturteilen über andere.

**Wieso ist in den heutigen „aufgeklärten Zeiten" eine Kirche oder Religionsgemeinschaft überhaupt nötig? Kann der moderne Mensch nicht aus sich heraus seinem Leben einen Sinn geben?**

*Werner Weidenfeld*

Offenkundig leben wir in einer Zeitenwende des Religiösen. Milliarden Menschen nehmen am halböffentlichen Sterben von Papst Johannes Paul II. teil und verfolgen begeistert die Inthronisation seines Nachfolgers auf dem Stuhl Petri. Beim Weltjugendtag in Köln zeigen die Gottesdienste eine globale Beschwingtheit des Glaubens und der Heimatbesuch von Papst Benedikt XVI. in Bayern wächst sich zum medialen Volksmarathon aus. Religion entwickelt offenkundig einen neuen Magnetismus, ohne dass es zu einer Renaissance der Kirchen kommt. Viele der begeistert Mitgerissenen haben sicherlich seit Jahren keine Kirche mehr von innen gesehen, nehmen am Gemeindeleben nicht teil. Dennoch drückt die Faszination durch den Papst eine Sehnsucht aus.

Wo liegen die Wurzeln für diese Sehnsucht? Dem Glauben ist in den Gesellschaften Europas ein scheinbar schlechter Boden bereitet. Das moderne Europa bezog und bezieht sein Selbstbewusstsein aus der Überwindung religiöser Herrschaftsansprüche durch die Aufklärung. Die individuelle Freiheit findet hier ihren Ausdruck in postmaterialistischer Selbstverwirklichung, kaum dagegen in einer Freiheit des Glaubens. Die Aufklärung hat in ihrem Kern der Vernunftorientierung den Menschen von Gott befreit. Sie bleibt aber stumm, sobald die Sinnfrage immer elementarer weitersucht und immer tiefer dringt. Gerade das Verstummen des Ethos der Aufklärung gegenüber letzten Fragen öffnet so die Tür zur religiösen Lebensform.

Die Moderne hyperventiliert. Der Orientierungsverlust durch die drastische Globalisierung ist die Krönung. Alles wird global uniform, das Leben unspezifisch. Daraus folgt für jeden die logische Frage: Was ist spezifisch in meinem Leben? Was ist spezifisch in unserer Gesellschaft? Die Hochkonjunktur von Antiquitäten, Flohmärkten und örtlichen Sprachdialekten ist die vordergründige Ausdrucksform jener Suche nach dem Spezifischen. Erst der Horizont der Transzendenz jedoch eröffnet in der unspezifischen Globalität den Zugang zu einem Ort der Stetigkeit und der überzeitlichen Vertrautheit.

Die Reise Benedikts XVI. zu seinen bayerischen Wurzeln hat diese Chance des Glaubens in der Epoche der Zeitenwende versinnbildlicht – und ich als Münchner habe sie auch so erlebt. Der entwurzelten Orientierungslosigkeit in einer globalisierten Welt stellte er sein Bekenntnis zur Heimat Bayern entgegen. Vertraute Menschen, vertraute Orte und ein vertrauter Gott vermögen Sinn in Komplexität zu stiften. Die technokratische Vernunft der Moderne schmolz angesichts zelebrierter Emotionalität mit Bodenhaftung dahin. Trachten, Volksmusik und Böllerschützen weckten die Religiosität des Alltags. Fröhliche und ausgelassene Benedetto-Rufe harmonierten mit feierlicher Liturgie und Andacht.

Komplexität ist das Definitionskriterium von Moderne. Intransparenz ohne Orientierungspunkte ist die Konsequenz. Reduzierung von Komplexität ohne Wirklichkeitsverlust – so könnte der rettende Ausweg lauten. Dies aber ist nur in der Welt der Symbole als einfacher Zeichen mit wirkmächtiger Deutungskraft möglich. Gerade weil der öffentliche Raum kurzatmiger Situationsbewältigung mehr und mehr zur symbolfreien Zone wird, ist eine bisher ungeahnte Sehnsucht nach lange gültiger Symbolik auszumachen. Die Religion kann wieder einen Ort gewinnen, dem überforderten Einzelnen einen Raum geben.

Die Vormoderne hat Identität gestiftet durch relativ einfache, überschaubare Lebensformen, durch geschlossene Weltbilder, durch ein stabiles Milieu, durch einen öffentlichen Konsens über die Alltagsbedeutung des Transzendenzbezuges des Menschen. In der Moderne sind diese kulturellen Rahmenbedingungen nicht mehr gegeben. Der Glaube kann sich mit fortschreitender Modernisierung der Gesellschaft immer weniger auf einen religiös geprägten kulturellen Kontext beziehen. Allerdings weiß die Moderne wegen der Geschwindigkeit des Wandels weniger über ihre Zukunft als jede Kultur zuvor. Damit aber besteht ein größerer Bedarf an Orientierung und Sinn. Man kann also von einem eher gewachsenen Bedarf an Glaubenswirklichkeit, von einer Sehnsucht nach Religiosität sprechen.

Alle Gesellschaften sind bestrebt, eine Identität in der Zeit, also Kontinuität, zu erhalten. Heute erleben wir eine ratlose Normalität. Die alten prägenden Ideen und Aufgaben haben ihre Schubkraft verbraucht, ohne dass neue an ihre Stelle getreten wären. Dem Glauben bietet sich die Chance, in dieses Vakuum der Sinnstiftung vorzustoßen. Dies würde auch einer orientierungslos vagabundieren Gesellschaft neue Schubkraft verleihen. Der Glaube kann auch in seiner Symbolik immer weniger einen vorgefundenen gesellschaftlichen Konsens zum Ausdruck bringen. Wenn jedoch das Phänomen neuer Religiosität seine moralische Kraft und ethische Qualität in die Gesellschaft einbringen soll, dann müssen wir ihm Dauerhaftigkeit jenseits des spontanen Aufbruchs verleihen.

»Ich habe mich in eine Kommilitonin aus dem Iran verliebt – eine wunderbare und gebildete Muslima. Wenn ich von Zusammenleben, vielleicht sogar von Heirat spreche, kommt sofort die Frage auf: Nach welcher Tradition wollt ihr leben? Welche Tradition ist mehr wert?«

*Cem Özdemir*

„Gönül ferman dinlemez" lautet ein altes Sprichwort aus Anatolien. Übersetzt bedeutet es sinngemäß: Das Herz kennt keine Gesetze und Verbote. Wenn Menschen sich verlieben, dann spielen Religion und Herkunft keine Rolle.

Doch die Realität holt einen meist in Form von Fragen ein: Ihr gehört verschiedenen Kulturen und Religionsgemeinschaften an? Sie ist gläubig? Du kommst aus einer Arbeiterfamilie und ihre Eltern sind Bildungsbürger? Und wenn ihr mal heiraten wollt, dann nur standesamtlich oder auch kirchlich? Wollt ihr euch von einem Pfarrer oder Imam trauen lassen? Sollen eure Kinder nicht getauft werden? Wollt ihr sie christlich oder islamisch erziehen? Und was sagen eure Eltern dazu? Seid doch „vernünftig", heißt es dann ... Eine solche Beziehung könne doch nicht von Dauer sein ...

Meine Frau ist Argentinierin und stammt aus einer katholischen Familie. Folglich standen und stehen wir selbst vor einigen dieser Fragen. Sie beschäftigen uns, als Belastung empfinden wir sie jedoch nie. Denn meine Frau und ich haben großes Glück mit unseren Eltern und Familien. Natürlich gab es auf beiden Seiten Fragezeichen, doch die Familien begegnen sich voller Respekt und Zuneigung, niemand schätzt des anderen Religion und Abstammung gering. Unsere Eltern wissen, dass sich hier nicht Islam und Christentum füreinander entschieden haben, sondern zwei Menschen.

Als wir 2003 für einige Monate in Washington lebten, haben wir standesamtlich geheiratet. Am Tag zuvor besuchten wir gemeinsam mit unseren Gästen die beeindruckende Moschee in Washington. Am Sonntag gingen wir gemeinsam in einen Gottesdienst in der schwarzen First Baptist Church in Georgetown. Meine Frau und ich sehen nicht das Trennende, sondern das Verbindende unserer Kulturen und unserer Werte. Gerade damit überwinden wir scheinbare Grenzen.

Inzwischen haben wir eine Tochter. Es ist uns wichtig, dass sie Liebe und Respekt für die Religion und Kultur ihrer Großeltern empfinden kann. Das bedeutet auch, dass wir ihr unsere Herkunftssprachen vermitteln wollen. Nach reiflicher Überlegung haben wir uns auch entschlossen, dass sie in Argentinien getauft wird. Darauf hat meine Frau nicht etwa bestanden, vielmehr weiß ich selbst, wie glücklich ich meine Schwiegermutter damit mache (und meine Frau natürlich auch). Damit erhält unsere Tochter das Sakrament der Taufe. Sie kann später selbst entscheiden, wie wichtig ihr der Glaube ist.

Meine Mutter, eine praktizierende Muslima, hat ihre Enkeltochter mit einem Gebet und einer alten anatolischen Zeremonie 40 Tage nach der Geburt in die Gemeinschaft der Muslime aufgenommen. Ich werde unserer Tochter später einmal vom Islam eines Yunus Emre, Mevlana und Haci Bektas erzahlen, in dessen Mittelpunkt praktizierte Toleranz, Liebe und Respekt steht. Das will ich ihr weitergeben. Und nicht das, was heute manche aus dem Islam machen. Unsere Tochter wird den Islam selbst erkennen und beurteilen können.

Selbst innerhalb einer Religion kann es zu familiären Konflikten kommen, etwa wenn ein sunnitischer Mann eine alevitische Frau heiraten möchte. Menschen, die sich in einer vergleichbaren Situation befinden, sollten nicht fragen, welche Tradition oder welche Religion wertvoller ist. Sie sollten sich fragen, welche Werte ihnen wirklich wichtig sind und welche Werte sie ihren Kindern vermitteln wollen. Dann erkennen sie möglicherweise, dass diese Werte ihre Religionen und Traditionen eher verbinden als trennen. Und wenn ihre Liebe doch auf Unverständnis stößt? Ein anderes anatolisches Sprichwort lautet: „Sevenleri ayirmak günahtir" – Liebende zu trennen ist eine Sünde.

**» Aus Amerika schwappt eine Welle „bibeltreuen Christentums" zu uns herüber, mit zweifelhaften „wissenschaftlichen" Erkenntnissen und einfachen Antworten auf komplexe Fragen. Inwieweit ist es sinnvoll, sich überhaupt in ein Gespräch mit Fundamentalisten einzulassen? «**

*Bernhard Vogel*

Meine kurze Antwort auf diese lange Frage: Ein Herüberschwappen einer Welle „bibeltreuen Christentums" aus Amerika, gemeint sind wohl die USA, kann ich nicht erkennen. Auf ein Gespräch mit amerikanischen Evangelikalen sollte man sich gleichwohl einlassen, denn ihnen kommt in den USA eine nicht zu übersehende gesellschaftliche und politische Bedeutung zu. Begründung: Unter bibeltreuen Christen versteht man in Deutschland gemeinhin Christen, die die Bibel Satz für Satz wörtlich nehmen und sie in dieser Interpretation im Alltag umzusetzen versuchen. Bibeltreue Haltungen sind in unterschiedlichen Ausprägungen verbreitet. Insbesondere auch unter Evangelikalen spielen sie eine wichtige Rolle.

In den Vereinigten Staaten sind Evangelikale zahlreich. Dabei handelt es sich um eine theologische Richtung, in die konservative und orthodoxe Ausprägungen des Protestantismus eingeordnet werden können. Sie stellen allerdings keine homogene Gruppe dar, ganz im Gegenteil. Sie gehen von verschiedenen Konfessionen innerhalb des Protestantismus aus, sind Mitglieder der Baptisten, der Methodisten oder auch reformierter oder lutherischer Kirchen. Manche, aber bei weitem nicht alle Evangelikalen sind dem orthodoxen Flügel zuzurechnen, der moderne Theologie und überhaupt moderne wissenschaftliche Erkenntnisse ablehnt. Unter ihnen gibt es einige, die sich von der römisch-katholischen und der orthodoxen Kirche distanzieren, die sie für nicht-christlich halten. Ein großer Teil der Evangelikalen hingegen sind prinzipiell offen für wissenschaftliches Arbeiten, zeigen sich aufgeschlossen gegenüber anderen Christen und engagieren sich durchaus auch in der ökumenischen Bewegung.

Weltweit wird die Zahl der Evangelikalen auf 420 bis 700 Millionen geschätzt. Ihr Wachstum ist vor allem in Lateinamerika, Afrika und Asien hoch. In den USA sind etwa 35 Prozent der Bevölkerung den Evangelikalen zuzurechnen. Schon daraus wird deutlich, dass die Evangelikalen in den USA eine ganz andere gesellschaftliche und politische Bedeutung haben als zum Beispiel die Freikirchen bei uns in Deutschland und dass das Gespräch mit ihnen sinnvoll und nützlich ist. Die Evangelikalen stellen in den Vereinigten Staaten eine bedeutsame politische Kraft im amerikanischen Konservativismus dar. Sie formierte sich Mitte der 70er Jahre als Reaktion auf das Verbot des Schulgebetes und des Religionsunterrichtes, auf die Legalisierung der Abtreibung, den Vietnamkrieg und Watergate und konnte sich in den 90er Jahren endgültig als politische Kraft etablieren: Bei den Präsidentschaftswahlen von 1992 waren die Stimmen der Evangelikalen noch ungefähr gleichmäßig auf die Kandidaten von Demokraten und Republikanern verteilt (Clinton gegen Bush sen.). Bei der Präsidentschaftswahl von 2004 entschieden sie sich im Verhältnis von zwei zu eins oder gar drei zu eins für die Republikaner (Bush jun. gegen Kerry).

Im Gegensatz zu Europa sind Religion und Glaube in Amerika selbstverständlicher Teil der öffentlichen Debatte und des alltäglichen Miteinanders. Man bekennt sich zu seiner Religion und spricht und schreibt darüber. Kaum jemand wundert sich oder ist gar peinlich berührt, wenn zu Beginn eines Rodeos Cowboys und Zuschauer gemeinsam das Vaterunser beten. In Deutschland hat das fromme Amerika keine gute Presse. Viele Amerikaner wiederum halten das Christentum in Deutschland für eine Lebensform, das durch den Virus des Liberalismus zum Aussterben verdammt ist. Beides ist falsch und führt zur weiteren Entfremdung. Kontakte, Begegnungen, Gespräche sind notwendig. Parlamentarier, Regierungsmitglieder, die politischen Stiftungen, aber auch zivilgesellschaftliche Gruppen sollten sich um den Dialog bemühen. Das war auch der Grund, warum sich die Konrad-Adenauer-Stiftung auf Anregung des auch in den Leitungsgremien der EKD engagierten Bundestagsabgeordneten Hermann Gröhe im Juli 2004 entschloss, führende Evangelikale aus den USA nach Deutschland einzuladen. Gespräche, unter anderem mit dem Ratsvorsitzenden der EKD, Bischof Wolfgang Huber, mit den Bischöfen Axel Noack und Rolf Koppe, aber auch mit Angela Merkel, Helmut Kohl und vielen anderen trugen dazu bei, den transatlantischen Dialog auch in Wertfragen zu stärken.

Solche Gespräche sind in der Regel nicht ganz einfach zu führen – vor allem auch deshalb, weil die Kenntnisse auf amerikanischer Seite über die europäischen, schon gar die deutschen Verhältnisse wenig ausgeprägt sind. Allenfalls die Erwähnung, man komme aus Erfurt, wo Luther studierte und Mönch wurde, aus Thüringen, wo er auf der Wartburg die Bibel übersetzt hat, vermag das Eis zu brechen. Nicht leicht ist auch der gemeinsame Zugang zur Politik: Die einen Gesprächspartner verweigern jegliche politische Beteiligung und lehnen es ab, von ihrem Wahlrecht Gebrauch zu machen. Die anderen schwärmen von den religiösen Überzeugungen von George W. Bush und schildern ihren Wahlkampfeinsatz.

Der Dialog mit den Evangelikalen in den USA muss in gegenseitiger Achtung und Respekt fortgeführt und vertieft werden. Ich füge allerdings hinzu: „Es ist leichter Atome zu zertrümmern als Vorurteile“ (Albert Einstein).

» Darf in einem kirchlichen Haus der Stille ein Ungläubiger gärtnern oder eine Atheistin die Ruhe suchenden Christen bekochen? «

*Christa Nickels*

*Ist die schwarze Köchin da?*

Manchem Frommen verursacht diese Vorstellung tatsächlich eine ähnliche Gänsehaut wie kleinen Kindern das Singspiel von der „schwarzen Köchin". In allen kirchlichen Betrieben stellt sich die Frage danach, was in Zeiten zunehmender Säkularisierung und Pluralisierung mit der geforderten „Dienstgemeinschaft" eigentlich gemeint ist, in neuer Schärfe.

Ich meine: Damit der viel beschworene „gemeinsame Geist" in einem Haus der Stille oder generell in kirchlich geführten Häusern nicht zur hohlen Phrase oder zum Gesinnungs-TÜV für die Angestellten verkommt, muss sich der Träger zuallererst Rechenschaft über die Struktur seiner Einrichtung ablegen. Bei einer strikten Trennung der Arbeitsebenen würde ich mich immer für die exzellenten Fachkräfte entscheiden. Denn ausgezeichnetes Essen sowie ein hervorragend gestalteter und sorgsam gepflegter Garten sind der inneren Einkehr und Erholung zuträglicher als das übliche Tagungshausallerlei bei den Mahlzeiten oder fantasieloses Durchschnittsgrün in den Außenanlagen. Selbst wenn die mittelmäßige Köchin und der durchschnittlich qualifizierte Gärtner wirklich gute und fromme Christenmenschen wären: Was hat der ausgepowerte Klient davon, wenn beide mit knapp bemessenem Zeitbudget ausschließlich in Küche und Garten arbeiten? Seien wir ehrlich: Welchem Stille und Ruhe Suchenden würde schon einfallen, die Köchin mit religiösen Fragen von der Arbeit abzuhalten oder mit dem die Rosen schneidenden Gärtner über Maria, die geheimnisvolle Rose, zu theosophieren?

Allerdings gibt es auch für die beste aller Köchinnen und den Gärtner mit dem allergrünsten Daumen eine Bedingung für die Anstellung in einem kirchlichen Haus: Sie müssen ein wertschätzendes Verhältnis zu Religion und Kirche haben, den geistlichen Ansatz des Hauses nachvollziehen und ihm zustimmen können. Und damit bin ich auch schon direkt bei einer Anforderung an die Geschäftsleitung: Damit Koch und Gärtnerin und überhaupt alle Mitarbeitenden verstehen, was es im Innersten mit der vom kirchlichen Arbeitsrecht eingeforderten Dienstgemeinschaft auf sich hat, muss es zum Weiterbildungskonzept für Angestellte dazugehören, darüber zu Beginn der Mitarbeit und dann immer wieder qualifiziert etwas zu erfahren. Es muss selbstverständlich sein, dass nicht bloß einseitig die Mitarbeitenden in der Bringschuld sind, bestmögliche Arbeit zu leisten, sondern umgekehrt auch der kirchliche Arbeitgeber in der Organisation der Arbeit das christliche Menschenbild zur Leitschnur macht. Das schließt Hungerlöhne ebenso aus wie Dauerstress verursachende Arbeitsbedingungen. Das müsste automatisch familiengerechte Arbeitszeitmodelle, berufliche Fortbildung, Rat und Hilfe in prekären Lebenslagen und auch geistliche Angebote für die Angestellten beinhalten.

Ein kirchliches Haus, das in diesem Geist der Nachfolge Jesu geführt wird, könnte selbst dann die ausgezeichnete atheistische Köchin einstellen, wenn der Service in das geistliche Konzept des Hauses eingebunden wäre. Denn was kann einem ausgebrannten oder erschöpften Gast Besseres passieren, als an einem Ort aufzutanken, der sich in allen Bereichen – in Ausstattung, Küche, Außenanlagen, theologisch-spirituellen Angeboten und im Zusammenspiel aller Mitarbeitenden – nicht nur durch herausragende Qualität auszeichnet, sondern wo auch durch die Zusammensetzung des Teams verdeutlicht wird, dass die Frohe Botschaft eben kein Exklusivangebot ausschließlich für Angehörige der eigenen Konfession, sondern für alle Menschen guten Willens ist?

## Darf ich mein Kind ermutigen zurückzuhauen, wenn es geschlagen wird? Was heißt Erziehung zur Friedfertigkeit?

*Petra Gerster*

*Ich aber sage euch: Ihr sollt dem Bösen nicht widerstehen; sondern wenn dich jemand auf deine rechte Backe schlägt, so biete ihm auch die andere dar* – dieses berühmte Jesuswort aus der Bergpredigt gehört wohl neben dem Gebot der Feindesliebe zu den meist zitierten. Und zu den am wenigsten befolgten.

Mein Sohn Moritz, 13, der nächstes Jahr konfirmiert wird, hält nichts davon. Zum Glück nur theoretisch. Bis jetzt ist er ohne Prügeleien durchs Leben gekommen, ist auch noch nie geschlagen worden, hat aber auch keine Angst davor. Behauptet er. Gibt aber immerhin zu, dass ihn manchmal ein mulmiges Gefühl beschleicht, wenn so gewisse Typen da herumlungern, wo er und seine Freunde skaten, und nur auf ein falsches Wort lauern. Dann hauen sie lieber ab, sicherheitshalber. Dennoch, glaubt er, würde er zurückschlagen im Notfall, denn wenn man sich alles gefallen ließe, werde man erst recht Opfer. Er sagt tatsächlich „Opfer". „Du Opfer" ist heutzutage ein Schimpfwort. Sein Vater gibt ihm Recht. Er hatte in der Schule früher so einen Schläger, der alle terrorisierte. Bis er dann einmal zurückschlug, und das vor ohnmächtiger Wut derart effizient, dass der viel Größere zu Boden ging und ein für alle Mal Ruhe gab. „Sonst hätte er uns immer weiter drangsaliert." Mein Sohn nickt überzeugt.

„Andere Zeiten", sage ich. „Was aber machst du, wenn der andere wirklich stärker ist? Oder ein Messer hat? Oder einen Schlagring? Dann ist es vorbei mit der Selbstverteidigung." „Na ja", meint Moritz pragmatisch, „man muss schon die Situation gut einschätzen können, bevor man sich wehrt." Das ist vielleicht in der Schule möglich, wo man sich kennt. Doch was, wenn er irgendwo plötzlich angemacht wird, von Typen, die nicht wissen, wohin mit ihren Aggressionen und ihrem Testosteron? Dann kann es verdammt gefährlich werden für ein behütetes Bürschlein vom Gymnasium. Ausweichen!, gebe ich daher als Devise aus, unsichere Orte meiden, rechtzeitig das Feld räumen. Mit Ethik – muss ich zugeben – hat das nicht viel zu tun. Mehr schon mit mütterlicher Sorge ums Kind.

Also frage ich einen, der sich von Berufs wegen mit dem Frieden beschäftigt, meinen Kollegen Michael Gleich, wie eine Erziehung zur Friedfertigkeit aussehen könnte. Seine Haltung ist eindeutig: Niemals ein Kind ermutigen zurückzuschlagen, sagt er, denn das hieße, die Gewalt anzuerkennen und nach ihrem Gesetz zu leben. Damit schicke man Kinder geradezu in die Gewaltspirale. Stattdessen sollte man sie für konfliktträchtige Situationen sensibilisieren, ihnen erklären, wie sie entstehen und wie man sie entschärft. Ebenso wichtig sei jedoch, eine Atmosphäre zu schaffen, in der sich Kinder jederzeit an die Erwachsenen wenden können. Und selber Vorbild sein: offen über alle Probleme sprechen, die sich im Beruf und der Familie ergeben, und darüber, wie man sie lösen kann. Dass man sich nicht schämen muss, wenn man Hilfe braucht, lernen die Kinder dabei. Dass auch Erwachsene Konflikte haben, die ihnen Angst machen können. Und dass einen schon das Reden darüber stärkt.

Eine ungewöhnliche Alternative habe ich gerade im Fernsehen gelernt, und zwar bei den „Simpsons“, der Lieblingsfamilie meines Sohnes nach uns. Da gibt es einen notorischen Schläger namens Nelson. Den trifft Mutter Marge eines Tages auf der Straße und erkennt in dem vernachlässigten Jungen den Peiniger ihres Sohnes Bart. Jetzt würde jeder erwarten, dass sie sich den Kerl vorknöpft, ihm eine klebt oder mit einer Moralpredigt kommt. Nicht so Marge Simpson. Sie sagt: „Bist du nicht Nelson, der meinen Bart immer verhaut?“, und schenkt dem verdutzten Kind als Erstes ihr Sandwich. Dann nimmt sie ihn kurzerhand mit in einen Vergnügungspark und stopft ihn mit

Süßigkeiten und Hotdogs voll. Dieser Nelson wird ihrem Bart nichts mehr tun, so viel steht fest.

Nicht sehr realistisch? Stimmt. Sind auch nur Zeichentrickfiguren. Die können das Gebot „Du sollst deine Feinde lieben" ein bisschen leichter befolgen als unsereins. Aber eine tiefe Wahrheit steckt trotzdem darin: Kinder, die Aufmerksamkeit bekommen, schlagen nicht. Kinder, mit denen gesprochen, gesungen, gelesen und gelacht wird, erst recht nicht. Denn unsere Zuwendung macht sie selbstbewusst und gelassen. Und gibt ihnen die Kraft, Konflikte auch ohne Gewalt zu lösen. Die Liebe zu unseren Kindern – die macht sie stark.

**» Sollte ich mein Kind dazu ermutigen, zu einem Außenseiter zu stehen, und dabei riskieren, dass es selbst zum schwarzen Peter wird? «**

*Wolfram Weimer*

„Opportunismus ist die Kunst, mit dem Winde zu segeln, den andere machen." Das sagen die lebensleichten Italiener. Und es klingt ein wenig so, als wäre diese „Kunst" nicht so übel. „Opportunisten sind Raubvögel, die kriechen", empören sich die schwermütigen Deutschen. Und das klingt nach Abgrund und Obacht. „Opportunismus ist der Weitblick der Arrivierten", urteilen die Engländer. Lakonisch, ironisch, lebenserfahren. Aus der Schweiz stammt folgende Sentenz: „Der große Mann geht seiner Zeit voraus, der schlaue Mann beutet sie gehörig aus, der kluge Mann geht mit ihr auf allen Wegen, nur der Dumme stemmt sich ihr entgegen." Die pragmatische Position.

Für einen Deutschen ist die Frage einfach, nämlich moralisch rigoros zu beantworten. Natürlich steht man dem Außenseiter bei. Alles andere ist Opportunismus und leistet einer Welt aus Kriechern und Raubtieren Vorschub. Verwerflich. So sind wir alle erzogen worden, und so werden wir alle unsere Kinder weiter erziehen. Der Europäer in uns regt sich freilich auch und lässt dann doch genauer fragen: Was will der Außenseiter? Warum ist er es überhaupt? Ist seine Position, seine Meinung, sein Verhalten verteidigenswert? Nehmen wir an, der Außenseiter sei ein glatzköpfiger Schläger, ein übler Rassist oder Vergewaltiger oder auch nur ein Lügner, legitimierte dann das Zum-Außenseiter-Stehen nicht das Böse? Doch. Würde ich meinem Kind also nicht empfehlen.

Zivilcourage ohne Wissen und Klugheit ist wie eine Alarmsirene auf der Kuhweide. Fehlgeleitet. Zivilcourage braucht Kenntnis, um nicht als eine Hülle reiner politischer Korrektheit zu wirken. Anders gesagt: Dummheit und Zivilcourage vertragen sich nicht. Denn der Mutige erschrickt zuweilen erst nach der Gefahr, der Feige vor ihr, der Dumme aber in ihr. Moral und Mut und Zivilcourage sind also keine Kategorien des universal Guten. Sie gewinnen ihre Autorität nicht durch die Generalisierung, sie benötigen die Kunst der Unterscheidung, sie bewähren sich nicht im Prinzip, sondern im Einzelfall. Denn das Gegenteil eines Opportunisten ist der Sektierer und nicht der Gerechte. Der Gerechte gibt jedem das Seine, nicht allen jedes und nicht jedem das Gleiche.

Ben Gurion hat daher den Mut einmal als eine Variante der Weisheit beschrieben: die Weisheit, das zu fürchten, was man fürchten soll, und das nicht zu fürchten, was man nicht zu fürchten braucht. Womit sich der Kreis wieder schließt. Denn wenn der Außenseiter zu Unrecht Außenseiter ist, wenn er menschlichen Beistand braucht, dann darf keine Furcht einen davon abhalten, zu ihm zu stehen. Dann ist Mut eine Kategorie der Empathie.

Bleibt das Risiko. Das Risiko, „selbst zum schwarzen Peter zu werden", ist nicht wegzureden, es ist anzunehmen. Denn Mut ist – wie Ludwig Marcuse richtig vermerkt – nur daran zu messen, wen man und wen man nicht auf seiner Seite hat. Das Leben und seine Erfahrungen zeigen allerdings, dass Mehrheiten schwanken, wechseln, Unrecht haben können. Das eigene Urteil, zumal das moralische, sollte sich also nicht an Macht und Mehrheit orientieren. Dazu sollte man sein Kind ermutigen. Denn jedes Gewissen trägt man ganz persönlich.

» **Immer öfter begegnen mir Menschen um die 35, die mir sagen: Wir leben im Hier und Jetzt. Deine Erfahrungen der Nachkriegszeit oder aus der DDR – die sagen uns heute nichts mehr. Soll ich das unwidersprochen lassen?** «

*Friedrich Schorlemmer*

Mir ist es nicht egal, was aus Euch wird. Mir ist es nicht egal, was aus dem wird, was vergangen ist. Es ist wohl wahr: Mit jeder Generation beginnt die Menschheitsgeschichte wieder neu. Junge wollen nicht übernehmen, sondern ausprobieren. Sie wollen etwas ganz Eigenes, das Ihre, statt litaneiartig davon zu hören, wie es früher war. Sie wollen widersprechen und es ganz anders machen. So sind die Jungen, sofern sie überhaupt *nach*denken wollen und *voraus*denken. Die Übergabe der Welt an die Nächsten geht nicht ohne Konfrontation und Konflikt.

Ich verstehe schon, dass Ihr es oft einfach satt habt, immer von gestern zu hören, weil wir immer wieder davon erzählen, „wie es früher war“: wie ärmlich, wie kalt, wie hart in jenen Nachkriegsjahren. Wie bedrückend es war, als 1961 um unser kleines abgespaltenes Deutschland eine Mauer mit Todesstreifen und scharfgemachten Hunden gebaut wurde. Wie bitter es war, alternativlos zu leben, wie schwer, sich in einer Kollektivgesellschaft seine Identität zu bewahren. Wie wunderbar, ein begehrtes rares Buch abzubekommen oder eine Tüte Apfelsinen zur Weihnachtszeit. Und „es war nicht alles schlecht“, wirklich nicht, weil es hier aufrechte, mutige, geistreiche, humorvolle, ehrliche, verlässliche, begabte Menschen gab, die neben dem offiziellen auch ein gelingendes privates Leben organisierten und auch in der „Bück"-Gesellschaft aufrecht gingen und lebten. Auch heute gibt es „Rückenprobleme" für alle, die hochkommen wollen.

Ihr werdet es vielleicht nicht verstehen. Aber der Mangel ist auch ein Glück, manchmal ein größeres als Überfluss. Sich wehren müssen, sich seinen Raum erkämpfen müssen, das macht auch stark. Unser einfaches Leben war auch ein reiches Leben. Nicht überall hinfahren zu dürfen, öffnete die Augen für das Schöne, das vor der Tür lag. Wie doppelgleisig und doppelgesichtig, wie angepasst und feige, wie fanatisch-parteilich und borniert-grob Menschen werden können, ohne ihre (Selbst-)Beschädigung zu spüren – das alles haben wir erlebt. Wir sahen eine Utopie wie einen bunten Luftballon platzen.

Ihr habt jetzt den Alltag einer komplizierten, unübersichtlichen, multipolaren und multikulturellen Welt zu bestehen. Unwägbar wird alles, weil Konflikte liegen geblieben sind und andere aufbrechen. Euer fehlender Arbeitsplatz hat plötzlich mit Hongkong und Seoul zu tun. Wir lebten in der vielfach begrenzten und eingegrenzten Welt; Ihr werdet mit einer unbegrenzten fertig werden und fertig werden *müssen*. Wir haben die Grenzen gesprengt, Ihr werdet die Grenzenlosigkeit zu bestreiten haben.

Einen Rat, eine Bitte habe ich doch: Begnügt Euch nicht damit, gut drauf zu sein und selber gut durchzukommen, cool zu sein oder alles cool zu finden (stets vom Kick zum Event getrieben!), sondern gestaltet die Welt mit. Bleibt und werdet „politisch", also eingemischt in alles, was öffentliches Leben ist, damit Euer persönliches Leben gelingt. Und behaltet einen neugierigen Blick auf das Vergangene – manches könnte für Euer Künftiges von Wert sein. Nichts einfach übernehmen! Aneignen, es sich zu eigen machen, durch Transformation.

Der Dialog der Generationen kann zeitweilig verstummen. Jeder macht seine Türe zu. Aber ohne ausgetragenen Konflikt kein Erwachsen- und Selbständig-Werden! Für Euch Jüngere wie für uns gilt, was Erich Fried einmal so ausgedrückt hat: „Wer will, dass die Welt so bleibt, wie sie ist, will nicht, dass sie bleibt." Wenigstens so eine Einsicht und solch ein Pathos möchte ich weitergeben. Ich wünsche mir sehr, dass ich Eure Neugier auf unsere Erfahrung wecken kann. Ich wünschte, dass Ihr Euch nicht in Sackgassen verrennt, ohne zurückzukönnen. Wir leben doch selber von den vorangegangenen Generationen.

Ich sehe unsere westliche Welt auf eine kulturelle, moralische und seelische Dürrekatastrophe zusteuern, gefüllt mit Lautstärke und allem Schrillen, mit Kitsch, Kick und Kack. Es gehört zwar zur Freiheit, jeden Schrott herzustellen. Es gehört zur Freiheit, jeden Schrott zu sehen, zu kaufen und zu konsumieren. Es gehört aber auch zur Freiheit, darauf zu verzichten. Man muss erkennen, auf welche Weise man lediglich zum Konsumenten degradiert wird oder wie man durch mediale Beeinflussung regelrecht verblödet. Das wichtigste Kriterium könnte sein, sich immer zu fragen, wodurch einem das eigene Subjektsein erhalten bleibt bzw. gestärkt wird und wodurch man im Gegenteil Objekt wird oder sich zum Objekt machen lässt.

Zu viele Menschen wissen von unseren Wurzeln nichts mehr und sind so abgestumpft, dass sie davon auch nichts mehr wissen wollen, geschweige denn verstehen. Das Alles-Wissen-Können führt paradoxerweise zu immer größerer Verdummung und innerster Entwurzelung. Wir meinen, viel zu wissen, aber wissen nicht mehr, wie Wichtiges von Unwichtigem zu unterscheiden ist. Ich bin überzeugt, dass es *gut* für jeden Menschen ist, wenn er weiß und spürt, wo er wurzelt, wo also seine Lebensgrundlagen sind und wo er sich festhalten kann, was trägt und was weiterführt, was über den Tag hinaus gilt und jedem Leben Sinn gibt. Unsere abendländisch-christliche Kultur wird sich ihr Profil erhalten, indem sie andere Kulturen gelten lässt, aber die eigene Kultur nicht vernachlässigt. Das wird Eure Aufgabe sein, denn wo alles gleich wird, wird alles gleichgültig.

Die vergangene sozialistische Welt machte den Einzelnen zum Rädchen, die heutige kapitalistisch-marktwirtschaftliche zum

Konsumenten. Es wird darauf ankommen, wie viel dem Einzelnen seine Freiheit wert ist, wie viel er für diesen „ideellen Wert" einzusetzen bereit ist. Und Freiheit wird ohne Verantwortung zur Willkür. Es gilt, die Verantwortung in Freiheit selbstbestimmt zu übernehmen, für sich und seine Welt.

# Kapitel 4

## Alles Wellness oder was?
## Was das Leben wert ist

» **Mit den vielen Fitnesscentern ist ein Stück soziale Auslese verbunden. Wer sich eine Mitgliedschaft leisten kann, geht z.B. nicht mehr ins öffentliche Schwimmbad oder in den Sportverein. Was bedeutet das für die Gesellschaft?** «

*Jürgen Weber*

Spalten Fitnesscenter wirklich unsere Gesellschaft? Ich bezweifle das. Wer seinen Körper ertüchtigt, macht dies meist aus respektablen Gründen: Ihm geht es vor allem um Gesundheit und den Erhalt der Leistungskraft; andere suchen im Sport das Gemeinschaftserleben oder begeistern sich für einen Wettkampf, bei dem der Bessere siegen soll. Der Motive sind viele, und manche überlappen sich.

Fitnesscenter finden Zulauf, weil sie die Motive von Wohlbefinden und Kraft in durchaus populärer Weise bedienen. Sie erlauben sportliche Betätigung unabhängig von vorgegebenen Trainingstagen oder -abenden. Damit kommen sie unserer zunehmend an „convenience"-Gesichtspunkten ausgerichteten Gesellschaft entgegen – ähnlich dem Drive-in-Restaurant von McDonald's oder dem Brötchenverkauf sonntags morgens an der Tankstelle. Bequemlichkeit, Verfügbarkeit, und zwar dann, wann man es als Sportler, als Kunde braucht. Fitness ist manchen fürwahr einiges Geld wert – unabhängig vom Einkommen. Man mag am kommerziellen Charakter dieser Center Anstoß nehmen, aber soziale Auslese, meine ich, setzt auf anderen, subtileren Ebenen ein – etwa bei Sportclubs mit hohen finanziellen oder gesellschaftlichen Eintrittsbarrieren oder bei Etablissements der Spitzengastronomie.

Es sind eben andere Impulsgeber, die Menschen ins Fitnesscenter führen, als jene, die eine Mitgliedschaft im Sportverein bewirken. Deshalb glaube ich nicht, dass der Vereinssport automatisch größeren Zulauf erhielte, wenn Fitnesscenter verpönt oder geschlossen würden. Ich bin im Vereinssport groß geworden, ebenso meine Frau und unsere Kinder. Es war die Welt von Elternhaus, Schule und Kommune, die uns dazu brachte. So wurde Sport zur zweiten Natur. Das morgendliche Joggen ist für mich heute die Fortsetzung meiner Leichtathletik mit anderen Motiven: Nicht mehr der Spurt um den Titel des Landesmeisters, sondern der klare Kopf für die Herausforderungen des Tages gibt mir heute Ansporn zur Fitness. Dafür stehe ich durchaus schon einmal weit vor sechs Uhr auf, etwa wenn mein Flugzeug um 8.20 Uhr startet. Oder trete auf meinen Reisen das Laufband im Fitnesscenter des Hotels. Selbsterhaltung ist nicht unbedingt mit Selbstsucht gleichzusetzen.

Weil Breitensport Spitzensport erst möglich macht, werden Sportvereine ihr soziales Gewicht niemals verlieren. 90.000 Turn- und Sportvereine gibt es in Deutschland, die auf 27 Millionen Mitgliedschaften verweisen können. Die große Zahl deutscher Medaillengewinner bei olympischen Spielen oder bei Welt- und Europameisterschaften in allen möglichen Disziplinen gehen auf das Konto der Förderung und des Trainings, die hier geleistet werden. Die fröhliche Freude der sympathischen Frauen und Männer am Erfolg, die wir in den Sportschauen am Fernsehapparat miterleben, ist beste Werbung für die Arbeit der Vereine, die über Institutionen wie die Deutsche Sporthilfe auch kräftig gefördert werden. Sie leisten – im positiven Sinne – eine ganz andere soziale „Auslese": Sie vermitteln Werte wie Teamgeist, Fairplay und Toleranz. Und manchen Sportler bringen sie ins Rampenlicht und ermöglichen ihren sozialen Aufstieg. Fitnesscenter können da im besten Fall komplementäre Arbeit leisten. Eine Gefahr für die Gesellschaft erkenne ich nicht.

Oft wird Fitnessstreben dem Leistungsdruck im Alltag zugeschrieben. Aber man soll die wachsende Aufklärungsarbeit von Medizinern, Medien und Apotheken über gesunde Ernährung oder nötige Bewegung nicht verkennen. Sie bleibt zum Glück nicht folgenlos. Der Mensch will sich gesund erhalten, er kuriert – mit einem „personal trainer" gar – die Folgen rückgratbelastender Büroarbeit, versucht, die Malaise des Alters hinauszuschieben, oder möchte attraktiv bleiben für Partner oder Partnerin: Eine lässliche „Sünde", wie ich meine.

**» Kürzlich bin ich mit einem amerikanischen Freund in die Sauna gegangen. Der war total beschämt, weil dort – wie in Deutschland üblich – alle nackt rumliefen. Ist er prüde? Sind wir schamlos? «**

*John C. Kornblum*

Ein durchaus wichtiger, aber oft Unverständnis hervorrufender Aspekt der transatlantischen Beziehungen ist die Frage nach dem Wertesystem. Unsere westliche Gemeinschaft operiert auf der Basis eines identischen Philosophiekonzeptes, und keine anderen Nationen in keinem Teil der Welt verfügen über ein derartig miteinander verbundenes System an ähnlichen Herangehensweisen an moralische und ethische Fragen wie die transatlantische Gemeinschaft.

Aber Werte nehmen Einfluss in nahezu jedem Bereich des tagtäglichen Lebens, und so sollte es niemanden wundern, dass Amerikaner und Europäer in der Beantwortung der detaillierten Fragen an ihr tägliches Leben öfter auf Unterschiede stoßen, als es ihre gemeinsamen philosophischen Wurzeln vermuten lassen. Ein Beispiel: Europäer pflegen ein höheres Maß an Toleranz gegenüber der Nacktheit als ihre amerikanischen Partner. Die Wahrscheinlichkeit, in einem europäischen Film Darstellungen sexueller Handlungen zu begegnen, die in Amerika nicht erlaubt wären, ist relativ hoch. In der Kindererziehung scheinen die Europäer darüber hinaus ihre Kinder weniger Restriktionen auszusetzen als die Amerikaner. Der Durchschnittsamerikaner würde sich an einem Nacktbadestrand an der Ostsee äußerst unbehaglich fühlen. Sind dies alles tatsächlich Wertefragen oder lediglich unterschiedliche Umgehensweisen?

Auf der anderen Seite sind Amerikaner oft verblüfft, dass im europäischen Schulsystem oder im Arbeitsleben vorgegebene Strukturen rigide eingehalten werden. Sie empfinden die europäische Gesellschaft als durchgängig hierarchischer und bürokratischer. So mag ein amerikanischer Student möglicherweise beim Besuch einer gemischten Sauna zögern, dafür ist für ihn der offene Austausch und die Unterstützung seiner jeweiligen Dozenten und Professoren selbstverständlich – und er versteht nicht, warum seine deutschen Kollegen gegenüber ihren akademischen Lehrern so respektvoll Abstand halten. Deutsche Austauschstudenten mögen dagegen befremdet sein über eine gewisse Zurückhaltung gegenüber Nacktheit in Amerika, dafür sind sie immer wieder erstaunt über das Ausmaß an persönlichem Kontakt und Austausch, das an amerikanischen Universitäten selbstverständlich ist. Gleiches gilt für die gesamte Arbeitswelt.

Also, wer ist nun freier oder offener? Ist Sex im Fernsehen oder eine gemischte Sauna Ausdruck einer offenen und toleranten Gesellschaft, oder ist es möglicherweise nicht mehr als der Ausdruck persönlicher Rebellion, die andernorts, beispielsweise an der Universität oder im Arbeitsleben, nicht geduldet wird? Die Vereinigten Staaten gründeten sich auf einem konservativen, traditionellen religiösen Fundament. Diese Tradition spiegelt sich insbesondere wider in Bereichen der öffentlichen Moral und des öffentlichen Auftretens. Nichtsdestotrotz unterscheiden sich Europa und Amerika in keinster Weise in ihrem Umgang mit und ihrer Einstellung zu Themen wie Scheidung, sexueller Präferenz, Pornographie etc. Studie um Studie beweist das eins ums andere Mal.

Auf der anderen Seite erweisen sich Amerikaner oft als offener und toleranter als ihre Verwandten in Europa, wenn persönliche Überzeugungen, Ideale, Ziele und Wünsche betroffen sind. Dass am Arbeitsplatz offen debattiert und mit den Themen speziell junger Menschen offen umgegangen wird, ist eine Selbstverständlichkeit, die Eingliederung von Ausländern und die

Übernahme neuer Ideen findet oft reibungslos, gar automatisch statt, ganz im Gegensatz zum Umgang mit diesen wichtigen Themenbereichen in Europa. Die amerikanische Gesellschaft ist eben nicht mit einem jahrhundertealten Traditionserbe behaftet, Strukturen einer Klassengesellschaft und Rivalitäten, wie sie zwischen den Ländern in Europa gang und gäbe sind, bleiben Amerikanern unverständlich. In einem eher wissenschaftlichen Sinn handelt es sich um eine eher „synthetische" Gesellschaft, erst ein paar hundert Jahre alt, beeinflusst von den unterschiedlichsten – auch gegenläufigen – Strömungen, als Gegenkonzept zu Nationen, die sich im Laufe vieler Jahrhunderte aus sich selbst entwickelt haben, wie es in Europa der Fall war.

Das bedeutet, dass sich die amerikanische Gesellschaft konzeptionell in einem andauernden natürlichen Wandel befindet, ein Aufstand gegen statische Strukturen ist somit nicht notwendig. Die einzigen dauerhaften und sich nicht ändernden Werte sind gesellschaftliche Normen und gelebter Patriotismus. Und diese Limitierung ist der Grund, warum an diesen Werten so unverbrüchlich festgehalten wird. Sie bilden die unabdingbaren Konstanten in einer ansonsten vollkommen chaotischen Gesellschaft – und deshalb sind wir voreinander nicht so gerne nackt, aber dennoch frei.

## Sollte man das Rauchen generell verbieten?

*Manfred Bissinger*

Ich könnte es mir jetzt einfach machen und voller Inbrunst aufschreiben: „Was denn sonst" und hätte damit auf einen Schlag alle Gutmenschen und Gesundheitsapostel an meiner Seite. Nach jüngeren Umfragen sogar die Mehrheit der Bürgerinnen und Bürger. Denn Rauchen ist „gesundheitsgefährdend", wie uns seit Jahren auf Tabak, Zigaretten, Zigarillos und selbst

Zigarrenkisten eingebläut wird. Inzwischen haben die Texter mit staatlichem Segen den Ton verschärft, um noch mehr Angst und Schrecken zu verbreiten: „Rauchen lässt ihre Haut altern", „Rauchen verursacht Impotenz", „Rauchen kann tödlich sein", prangt den Rauchern entgegen, wenn sie ihr Päckchen zur Hand nehmen.

Das aber reicht den militanten Eiferern noch lange nicht. Sonst würden sie nicht Woche für Woche mit anschwellender Vehemenz fordern, das Rauchen generell zu verbieten. Ob in Restaurants oder Kneipen, ob in öffentlichen Gebäuden, Ämtern oder Büros, ob in Bussen, Straßenbahnen oder Zügen. In Flugzeugen darf schon seit Jahren nicht mehr gequalmt werden. Bei den schlechten Entlüftungssystemen ein Segen für alle Passagiere. Und was für die Reise über den Wolken gilt, haben viele für ihr Auto zur Pflicht gemacht: Der Aschenbecher bleibt unbenutzt.

Der Widerstand gegen das Rauchen ist also durchaus erfolgreich. Wer aber die generelle Verbotskeule zückt, macht in meinen Augen grundsätzlich einen Fehler. Denn unser demokratischer Staat garantiert nicht nur Meinungsfreiheit, er hat sich auch per Verfassung verpflichtet, die freie Entfaltung der Bürger zu sichern und zu gewährleisten. Dazu gehört selbstverständlich auch das individuelle Recht auf Genuss. Und Rauchen ist nun mal Genuss sicher für Dritte gelegentlich nervig, denn es qualmt und riecht zugleich. Die Gegner aber müssen sich fragen lassen: Erleben wir das durch Busse, Autos, Motorräder, Mopeds nicht noch sehr viel intensiver? Da traut sich nur keiner ran. Es hätte zu schwerwiegende Folgen.

Natürlich kenne ich die grauenvollen Statistiken und habe von der Zunahme der Lungenkrebstoten gelesen, aber ich weiß ebenso, wie viele Menschen anderen Leidenschaften zum Opfer fallen. Sollten wir deshalb das Autofahren, das Fliegen, das Trinken von Alkohol verbieten? Oder den Spaß an Fastfood, das für Millionen zur Grundversorgung geworden ist und nachweislich Fettsucht fördert und zu frühem Tod führen kann?

Nein, wir sollten uns vor Verboten und den dazugehörenden Gesetzen hüten. In Wahrheit haben die noch nie etwas bewirkt. Nicht mal bei gefährlichen Drogen.

Wir glauben doch so gerne an die regelnde Kraft des Marktes. Warum also nicht über ihn das Problem in den Griff kriegen? So wie in den Zügen, in denen das Raucherabteil immer seltener gebucht und deshalb bald verschwunden sein wird. So wie in den Hotels, die längst gewinnbringend raucherfreie Zimmer anbieten. Warum also nicht rauchfreie Ämter und rauchfreie Büros, von mir aus sogar rauchfreie Restaurants. Soll doch dort einkehren, wer will. Ich könnte sogar verstehen, wenn Krankenversicherungen einen „Raucherzuschlag" verlangen würden. Ich jedenfalls möchte auf meinen Zigarillo nach einem guten Essen ebenso wenig verzichten wie auf das Glas Wein währenddessen. Ich möchte aber auch nicht auf Bahnhöfen und Flugplätzen diskriminiert und stigmatisiert werden, um in extra gekennzeichneten Ecken schnell eine durchzuziehen. Da verzichte ich lieber.

Ein generelles, ein gesetzliches Rauchverbot ist einer aufgeklärten, die Verantwortung des Individuums betonenden Nation nicht würdig. Ich weiß wohl, Demokratie lebt von Mehrheiten und eine Mehrheit ist gegen Raucher. Aber keine Demokratie hat ihren Namen verdient, wenn sie ihre Minderheiten nicht gewähren lässt, wenn Toleranz kein Grundwert mehr ist und der Staat auf Bevormundung und Gängelei seiner Bürger setzt. Das Rauchen hat eine jahrhundertealte Tradition. Der Genuss von Bier und Wein ebenso. Ein Rauchverbot würde Hunderttausende selbsternannte Hilfssheriffs auf den Plan rufen. Haben sie erst mal das Nikotin verteufelt, dann folgt schnell der Alkohol und am Ende schreibt der Staat auch noch vor, was auf den Tisch kommen darf. Meine Welt wäre das nicht mehr.

» **Wir alle haben die Bilder aus Spanien oder Italien gesehen: Hunderte von Flüchtlingen aus Afrika kommen genau an den Urlaubsstränden an. Kann man da noch in Ruhe sein Sonnenbad nehmen?** «

*Thomas Sattelberger*

Vom alltäglichen Elend auf dieser Welt vermitteln uns die Medien aus aller Herren Länder manchmal geradezu beliebig erscheinende Ausschnitte als Beispiele ins Wohnzimmer. Dabei gehören die Bilder von Afrikanern, die verzweifelt versuchen, nach Europa zu gelangen, sicher zu den beeindruckendsten: schiffbrüchig oder gestrandet, ertrunken oder blutend im Stacheldraht der spanischen Enklaven oder auf den Urlaubsinseln im Atlantik. Die Vorboten vermutlich noch weit größerer Migrationsströme vor allem aus Schwarzafrika erinnern fast an historische Völkerwanderungen. Menschen wollen dem sprichwörtlich „verlorenen Kontinent" um jeden Preis den Rücken kehren.

Drei große Trends sind die treibenden Kräfte: Zum Ersten Misswirtschaft und Nepotismus, die jede noch so gut gemeinte und teilweise auch üppig fließende Hilfe in den dunklen Kanälen der Korruption versinken lassen und so keine echte Katastrophen-Hilfe ermöglichen, geschweige denn zum Wachstum beitragen. Fehlleitungen in der staatlichen und supranationalen Entwicklungshilfe sorgen eben nicht zum Aufblühen von Volkswirtschaften, sondern stützen am Ende Diktaturen, Letzteres häufig in Kombination mit der Ausbeutung der Bodenschätze durch Multinationals, die in stillschweigender Komplizenschaft machthungrige Regimes finanzieren. Zum Zweiten ethnische und Stammeskonflikte, die jahrelange Aufbauarbeit nicht selten in wenigen Monaten zerstören. Die ideologische Verbrämung mit Sozialismus und Revolution fungiert dabei seit den 60er Jahren als Oberflächenkosmetik. Zum Dritten wirkt die Verheißung von Wohlstand und einem besseren Leben, übrigens vor allem auf die gut ausgebildeten unter den Flüchtlingen, die für ihre Reise ins Ungewisse oft hohe Beträge gezahlt haben.

Zwar wird kaum jemand ungerührt am kanarischen Strand liegen bleiben, wenn gleich nebenan ein Flüchtlingsboot strandet. Wer aber verzichtet verschämt auf das Sonnenbad, taucht an der Liege nur *ein* Bettler auf? Die ehrliche Antwort lautet also: Natürlich kann man in Ruhe ein Sonnenbad nehmen. Das „Sonnenbad" darf zwar nicht daran hindern, mit scharfem Blick sowohl als Unternehmen wie als Weltbürger die großen Verwerfungen im globalen Maßstabe kristallklar zu erkennen und zu bewerten. Verantwortung als Einzelner trägt man jedoch dort, wo man handeln kann – ob mit gezielten Spenden oder Patenschaften, durch Kaufverhalten oder aktive politische Arbeit, das steht in der Gewissensentscheidung jedes Einzelnen.

Gleichzeitig – und ich sage das mit aller Härte – hat auch ein Kontinent seine Verantwortung. Der Hausnachbar trägt nicht Verantwortung für die Zerrüttung und die Quälereien in der Nachbarfamilie, wenn er die Probleme immer wieder angesprochen hat und die alarmierte Polizei ebenfalls Bescheid weiß. Und genauso wenig trägt Europa heute die Verantwortung für den Zustand Afrikas. Der Hinweis auf die Kolonialisierung ist historisch richtig, jedoch lange gesühnt. Viele Länder – einige wenige kurzzeitig auch in Afrika – haben über Jahrhunderte deutlich gezeigt, welche Aufbruchstimmung sie erzeugen und welche Eigenverantwortung sie selbst übernehmen können. Gerade die Globalisierung des Handels und der Wirtschaft sind zu einem Gewinnspiel für viele Nationen geworden, die nicht Asylantenströme produzieren, sondern im Gegenteil gut ausgebildete Menschen aus aller Herren Länder anziehen.

Ich gehe noch einen Schritt weiter: Das weite Öffnen der Grenzen für Migration wäre verhängnisvoll. Es gelingt keinem europäischen Land, Massen-Migration durch Integration (v)erträglich zu machen. Dies war vor allem in Frankreich und Deutschland ein glatter Fehlschlag; Integrationsprobleme haben auch

England oder Spanien. Migration mildert manche Symptome, wenn sie gut aufgefangen wird, löst aber die Probleme nicht. Hier bleibt im moralischen Sinne nichts anderes übrig, als zu sagen: Afrika, gestalte deine Zukunft selbst!

Kann ich also in Ruhe ein Sonnenbad nehmen? Ja, denn auch ich brauche Ruhe, Wärme und Sonne. Ja, denn wenn es uns Menschen nicht gelingt, die Last des Elends in dieser Welt immer wieder auch auszublenden, dann ist nur Verzweiflung unser ständiger dunkler Wegbegleiter und schlechter Ratgeber. Oder anders herum betrachtet: Wer sich ausschließlich mit all den Herausforderungen, Problemen und Schmerzen dieser Welt das Leben gestaltet, dreht sich letztlich selbst „die Sonne ab". Wem wäre damit geholfen?

**» Was habe ich als Arzt zu tun, wenn ein Patient mir über sein persönliches Leiden erzählen will und anfängt zu weinen, aber noch viele andere Patienten auf ihre Behandlung warten? Kann ich einfach zum Tagesgeschäft übergehen? «**

*Eckhard Nagel*

Die spezielle Verantwortung im Arzt-Patient-Verhältnis hat Albert Schweitzer einmal folgendermaßen beschrieben: „Wahrhaft ethisch ist der Mensch (und der Arzt) nur, wenn er der Nötigung gehorcht, allem Leben, dem er beistehen kann, zu helfen, und sich scheut, irgendetwas Lebendigem Schaden zu tun. Er fragt nicht, inwiefern dieses oder jenes Leben als wertvolles Anteilnahme verdient, und auch nicht, ob und inwieweit es noch empfindungsfähig ist. Das Leben als solches ist ihm heilig."

Unter solchen Vorgaben ist eindeutig, dass die Übernahme der Verantwortung als Arzt eine zentrale ethische Dimension beinhaltet. Derjenige, der sich als Patient *traut*, sich mit seinen Ängsten und Sorgen jemandem anzuver*trauen*, kann dies nur tun, wenn er davon ausgehen darf, dass er in diesem Moment die volle Aufmerksamkeit seines Gegenübers genießt. Diese sollte nicht geschmälert werden durch andere Handlungszusammenhänge, so wie sie etwa im alltäglichen Ablauf einer Praxis oder eines Krankenhauses zur Strukturierung der Arbeit notwendig sind. Das Verhältnis zum Patienten muss vorrangig im Blickpunkt des Arztes stehen. Es ist gekennzeichnet durch eine persönliche Beziehungssituation. Dabei ist es die Qualität der Zuwendung, nicht unbedingt die Quantität, die für die Beurteilung dieser Beziehung relevant ist. Insofern spielt der heute häufig in den Mittelpunkt gestellte „Zeit"-Begriff nur eine Nebenrolle.

Medizindidaktiker und Psychologen haben immer wieder dahingehend argumentiert, dass aufgrund der besonderen Belastungssituation in einem therapeutischen Verhältnis eine notwendige Distanz im Sinne einer professionellen Beziehung etabliert werden müsse, um eben die Spannung, die der oben genannten Frage zugrunde liegt, bewältigen zu können. Ich teile diese Meinung nicht. Die gesamte Entwicklung im Gesundheitswesen ist gerade durch die Bereitschaft von Menschen gekennzeichnet, andere, die an einer Krankheit leiden, zu begleiten und dies auch dadurch zu tun, dass sie Mitleid empfinden und Mitleid zum Ausdruck bringen. Nur so wird Unterstützung und Hilfe in manchmal ausweglosen Situationen erst möglich. Dies steht im Mittelpunkt des ärztlichen Behandlungsauftrages – nicht die organisatorische Ablaufplanung, deren reibungslose Einhaltung über die Bedürfnisse der Patienten gestellt wird.

Die dringend gebotene Wirtschaftlichkeit im Gesundheitswesen darf nicht auf Kosten der Beziehungsmöglichkeit und der Zuwendung zum Einzelnen durchgesetzt werden. Wer meint, z. B. an Personal sparen zu können, tut es häufig an der falschen Stelle. Wenn das Lächeln bei den überlasteten Mitarbeiterinnen und Mitarbeitern im Gesundheitswesen verschwindet, dann wird uns allen, die wir spätestens im Krankheitsfall auf ihre Zuwendung angewiesen sind, auch das Lachen vergehen. Wir werden uns klar machen müssen, dass gute Medizin ihren Preis hat. Wir können nicht immer mehr erwarten und dabei glauben, dass das zu Schnäppchenpreisen zu haben ist. Eine solche Ökonomisierung, die dann mit dem Übergang zum Tagesgeschäft gleichzusetzen wäre, führt zu einer generellen Verarmung unserer Beziehungsfähigkeit und damit nicht nur zu einer Verarmung in der Arzt-Patient-Beziehung, sondern zu einer Reduktion unserer Lebensmöglichkeiten generell.

Insofern kann es gut sein, wenn ein Patient über sein persönliches Leiden erzählt und anfängt zu weinen, sich mit ihm hinzusetzen, seine Hände zu nehmen und einen Augenblick mit ihm zu weinen und das Leid an dieser Stelle für einen Moment mitzutragen.

**»Für viele Krankheiten gibt es wirksame Medikamente, die jedoch zum Teil so teuer sind, dass sich viele Menschen, vor allem in den armen Ländern, diese Medikamente (zum Beispiel gegen Aids) nicht leisten können. Ist es die moralische Pflicht von Pharmakonzernen, die ihre Preise frei festlegen, solche Medikamente zu erschwinglichen Preisen für alle anzubieten?«**

*Sabine Christiansen*

Nie werde ich den kleinen Ivis vergessen. Er war drei Jahre alt, als ich ihn im Jahr 2000 in einem Krankenhaus in Mosambik kennen lernte, wo ich als UNICEF-Botschafterin Hilfsprojekte besuchte. Wahrscheinlich lebt Ivis nicht mehr. Der Krankenhausdirektor sagte mir damals, dass er vermutlich nicht älter als sechs oder sieben Jahre werden würde. Ivis war HIV-positiv. Seine Mutter hatte ihn bei der Geburt angesteckt.

Antiretrovirale Medikamente könnten die Ausbreitung des Virus deutlich verlangsamen. Weltweit erhalten zurzeit aber weniger als zehn Prozent der AIDS-kranken Kinder virenhemmende Mittel, weil es an geschultem Personal und Medikamenten fehlt. Die Folge: Jede Minute stirbt ein Kind an AIDS. Allein in Mosambik ist fast jeder Sechste zwischen 15 und 49 Jahren HIV-positiv, das sind 1,5 Millionen Menschen. Mehr als 320.000 Kinder haben bereits ihre Mutter oder beide Eltern durch AIDS verloren. Und jedes Jahr kommen 35.000 Neugeborene schon HIV-positiv zur Welt.

Angesichts dieser Zahlen erscheint mir die Frage, unter der dieses Kapitel steht, schon beinahe unanständig. Wenn irgendwo ein Mensch stirbt, weil ein lebensnotwendiges Medikament unerschwinglich für ihn oder sie war, ist das nicht akzeptabel. Der hippokratische Eid für Pharmakonzerne müsste lauten: Wir stellen Medikamente in Entwicklungsländern zum Selbstkostenpreis oder kostenlos zur Verfügung – nicht nur zur Not, sondern in der Regel. Die Pharmaindustrie setzt weltweit rund 520 Milliarden Euro jährlich um. Sie investiert ihre Gewinne zu einem beachtlichen Teil in die Entwicklung neuer Medikamente. In Industrieländern wird aber gerade dies durch öffentliche Forschungseinrichtungen staatlich quersubventioniert. Bei HIV/AIDS-Medikamenten wird geschätzt, dass bis zu 80 Prozent der Entwicklungskosten von der öffentlichen Hand getragen werden. Das ist auch gut so, denn es gehört zu den wichtigsten Aufgaben des Staates, ein funktionierendes Gesundheitswesen bereitzustellen. Dies gilt im Übrigen ebenso für die Entwicklungsländer, wenn auch in einer anderen Dimension.

Das darf jedoch für die Arzneimittelproduzenten nicht bedeuten, dass sie sich aus der Verantwortung stehlen können. Gerade in diesem Bereich, in dem es letztlich um Leben und Tod geht, muss das Wirtschaften gemeinwohlorientiert sein. Und

Gemeinwohl bedeutet ganz konkret: das Wohl jedes Einzelnen. Pharmakonzerne haben in Ländern wie Deutschland oft stattliche Gewinnmargen. Sie müssen dieses Geld auch dazu verwenden, Menschen in ärmeren Ländern lebenswichtige Medikamente zur Verfügung zu stellen. Doch mit der Bereitstellung von Medikamenten allein ist den Menschen meist noch nicht geholfen. Die Empfängerländer sind gefordert, die Rahmenbedingungen zu schaffen, dass die Arzneien auch wirklich bei den Kranken ankommen. Instabile politische Verhältnisse, Korruption und eine nicht vorhandene Infrastruktur verhindern oft genug, dass überhaupt Hilfe geleistet werden kann.

Mittlerweile engagieren sich viele Arzneimittelhersteller in Entwicklungsländern. Es gibt bereits gute Beispiele, wie Politik, Hilfsorganisationen und Pharmakonzerne zusammenarbeiten. Aber es gibt noch nicht genug. Meines Erachtens müssen die Arzneimittelproduzenten eine aktive Rolle bei der Bildung solcher Allianzen übernehmen. Ein Menschenleben zu retten, wenn man die Möglichkeit dazu hat, ist immer und überall die moralische Pflicht jedes Einzelnen. Also auch die Pflicht großer Unternehmen.

**» Es gibt heute viele medizinische Möglichkeiten, Paaren zu helfen, die keine eigenen Kinder bekommen können. Gibt es für diese Therapien eine ethische Grenze? Wieweit kann/soll die Medizin gehen, um zu helfen? «**

*Wolfram Henn*

Kaum irgendwo sonst im Leben geht es so schmerzhaft ungerecht zu wie bei der Fortpflanzung: Während die einen sich mit ungewollten Schwangerschaften auseinandersetzen müssen, sehnen sich die anderen vergebens nach ihrem Wunschkind.

Das ist keineswegs selten; etwa jedes siebte Paar ist ungewollt kinderlos. Das Problem und ein alter Weg zu seiner Lösung sind schon in der Bibel beschrieben: Abrahams unfruchtbare Frau Sara gestattete ihrem Mann, mit der Sklavin Hagar ein Kind zu zeugen – und geriet in ein Eifersuchtsdrama.

Seit gut zwanzig Jahren aber hat die Reproduktionsmedizin neue Möglichkeiten eröffnet, Paaren mit unerfülltem Kinderwunsch zu gemeinsamem leiblichem Nachwuchs zu verhelfen. Der Preis dafür ist hoch, nicht nur in finanziellen Kategorien: Belastende Hormonbehandlungen, monate- oder jahrelanges Diktat von Kalender und Laborwerten über das Sexualleben und das Wissen, dass bei gut der Hälfte der Paare letztlich doch alle Mühe vergebens bleibt. Woran es nicht mangelt, sind wohlmeinende Ratschläge, vor allem der eine: „Es gibt so viele elternlose Kinder, adoptiert euch doch eins!" Klingt zunächst vernünftig; schaut man aber genauer hin, ist das kein hilfreicher Rat von außen. Diejenigen Paare, die ein adoptiertes Kind ohne Vorbehalte als das ihre annehmen können, kommen schon selber auf diese Idee – ob sie in ihrem meist schon fortgeschrittenen Alter eines von den Behörden zugesprochen bekommen, steht auf einem anderen Blatt. Und für die anderen gilt, dass ein bloß als „Notnagel" adoptiertes Kind in der Familie kaum den Status hätte, der ihm gebührt – besonders dann, wenn ihm, wie bei Abraham, doch noch ein leibliches folgte.

Vor allem aber habe ich in meinem Berufsleben als genetischer Berater gelernt, dass es kaum einen Wunsch beim Menschen gibt, dem – so er vorhanden ist – so bedingungslos alles andere untergeordnet wird wie dem nach einem leiblich eigenen Kind. Evolutionsbiologisch ist das banal; der Fortpflanzungstrieb ist tief in unserem Verhaltensrepertoire verankert. Dennoch ist es immer wieder eindrucksvoll und mitunter bedrückend zu erleben, wie manche Paare auch auf die leiseste Hoffnung oder das unseriöseste Heilsversprechen hin schier Haus und Hof zu versetzen bereit sind.

Müssen sie sich für diesen Wunsch moralisch rechtfertigen? Zweifellos nicht. Hat unerfüllter Kinderwunsch einen solchen psychischen Krankheitswert, dass Betroffene Anspruch auf von der Allgemeinheit – sprich Krankenkasse – finanzierte Behandlung haben? Aus meiner Sicht ebenso zweifellos ja, jedenfalls dann, wenn medizinisch eine reelle Erfolgschance besteht. (Auf den hier naheliegenden gedanklichen Abstecher in die deutsche Demographie sei verzichtet – auch ein kinderloses Paar in Bangladesch hat ein unbestreitbares moralisches Recht, sich eigene Kinder zu wünschen.)

Dennoch müssen und dürfen Ärzte nicht alles technisch Mögliche tun, um Eltern zu biologisch eigenen Kindern zu verhelfen. Schon der gute alte Kant hat, in anderem Zusammenhang, die moralische Grenze des Kinderwunsches vorgezeichnet. Sie verläuft dort, wo das Kind nicht um seiner selbst willen gewünscht wird, sondern als Mittel zur elterlichen Selbstverwirklichung. Dazu eine Originalszene aus einem – Gott sei Dank nicht ganz alltäglichen, aber durchaus bezeichnenden – Beratungsgespräch: „Können wir auch ganz sicher gehen, dass das Kind am Ende wirklich gesund ist? Sie müssen verstehen, Doktor, am liebsten wäre uns ein Sohn, der später meine Firma übernehmen kann. Da gibt es doch Fruchtwassertests und solche Sachen …" „Meinen Sie so eine Art medizinische Garantie, dass mit dem Kind alles nach Plan läuft?" „Hmm – ja, irgendwie, wenn so etwas möglich wäre …" „Tut mir leid, Umtauschrecht und Vollkasko sind bei Kindern nicht vorgesehen. Wenn Sie das brauchen, sollten Sie sich vielleicht doch besser ein Auto anschaffen."

**» Muss ich wegen der Tiertransporte, wegen der industriellen Produktion von Fleisch (Geflügelfarmen, Mastbetriebe) ein schlechtes Gewissen haben, wenn ich Fleisch esse? «**

*Ernst-Ludwig Winnacker*

Ich weiß wenig über Tiertransporte, außer dass jeder unnötige Meter, den Nutztiere auf dem Weg zum Schlachthof transportiert werden, einer zu viel ist. Aber das Beispiel ist hilfreich, weil es die unterschiedlichen Maßstäbe dokumentiert, mit denen im Tierschutz und in der Landwirtschaft gemessen wird. Bleiben wir beim Tierschutz. Da muss einerseits die Wissenschaft strenge bis strengste Auflagen erfüllen, wenn sie Tiere in der Forschung einsetzt bzw. oft genug aufgrund gesetzlicher Auflagen einsetzen muss. Das ist auch gut so. Ich habe das immer unterstützt. Andererseits zählen in der Tierproduktion fast nur ökonomische Parameter. Wer erinnert sich nicht an die leidigen Auseinandersetzungen um die Frage, wie oft die Tiere auf ihren langen Reisen durch Europa getränkt werden müssen oder um die Quadratzentimeter, die einer Legehenne zustehen. Unsere Mäuse in der Wissenschaft leben dagegen geradezu paradiesisch.

Derzeit fällt mir die Parallele zwischen Gammelfleisch und „Genreis" auf. Immer wieder wird tonnenweise Fleisch entdeckt, dessen Verfallsdatum seit Jahren überschritten ist. Die Behörden scheinen machtlos, getrauen sich nicht einmal, die Namen der „schwarzen Schafe" zu nennen. Niemand scheint zu wissen, wie viel vergammeltes Fleisch tatsächlich in den Handel mit Endverbrauchern gekommen ist. Jedes Bundesland macht es anders: Kirchturmpolitik *par excellence*. Anders beim Genreis. In zwei von 41 Reisprodukten sind 0,06 % Verunreinigungen an gentechnisch verändertem Reis gefunden worden. 0,06 % heißt 6 Reiskörner in 10.000. Da ein Reiskorn etwa 20 mg wiegt, kann man sich schnell ausrechnen, dass eine Reisportion im Mittel ein einziges gentechnisch verändertes Reiskorn enthält. Natürlich ist klar, das die fragliche Reissorte nicht zugelassen ist, und so hat selbst die kleinste Menge Reis, die in den Handel kommt, hier nichts zu suchen. Aber: Anders als beim Gammelfleisch sind beim „Genreis" keinerlei gesundheitliche Risiken zu befürchten.[1] Selbst 100 % reiner „Genreis" wird anderswo auf der Welt seit Jahren problemlos verzehrt. Dennoch eine gewaltige Hysterie, die beim Gammelfleisch Sinn machte, aber doch hier nicht!

Woher kommen diese Unausgewogenheiten, diese zweierlei Maßstäbe für ein und dieselbe Sache? Einmal gibt es Menschen, die der Meinung sind, dass alles Natürliche gut ist. Aber: Nichts könnte natürlicher sein als der Knollenblätterpilz, als das Bakterium *Salmonella* oder das Gammelfleisch. Zum anderen sind wir ein Land, in dem die Landwirtschaft als wirtschaftlicher Faktor kaum eine Rolle spielt. Nur drei Prozent der erwerbstätigen Bevölkerung sind bei uns in der Landwirtschaft tätig. Internationaler Wettbewerb kann unter diesen Umständen kaum ein Thema werden, das Schlagzeilen macht oder Menschen hinter dem Ofen hervorlockt. In den USA, Kanada oder Argentinien ist dies anders. Und schließlich ist die Bevölkerung mehr an Billigware als an Qualität interessiert. Warum florieren denn sonst die Billigketten? Kein Wunder also, dass vergammeltes Fleisch zur interessanten Handelsware wird.

In den *Brüdern Karamasow* fragt Dimitri, der älteste der vier Brüder Karamasow, an einer Stelle den Priester: Was muss ich tun, um erlöst zu werden? Dieser antwortet: Vor allem belüge dich nicht selbst. Die Heuchelei, die sich in unserem Lande um die genannten Themen rankt, ist nicht nur auffallend, sondern sie ist wirklich misslich. Wir sollten ehrlich mit uns selbst sein

---

[1] FAZ, 15.9.2006, S.3: Die Wanderung von „Liberty Link 601"; FAZ 16./17.9.2006, S.1: „EU: Gen-Reis wohl unbedenklich"; NZZ, 16./17.9.2006, S.34: „Beruhigungen rund um den Gentech-Reis".

und uns über Dinge aufregen, die es wert sind, und vielleicht auch realisieren, dass gute Ware ihren Preis hat. Aber dies zu sagen, ist vermutlich politisch nicht korrekt.

» **Wenn die technischen Probleme überwunden bzw. lösbar sind – sollen Klonversuche, die Menschen auf lange Frist helfen, verboten bleiben?** «

*Ernst Elitz*

Abscheu erregt der Forscher, der in seinem Labor zwischen Reagenzgläsern und dampfenden Töpfen den geklonten Menschen zusammenschüttelt. Er ist eine Filmfigur. Aber das ist Realität: Im klinisch reinen Labor des 21. Jahrhunderts wird mit embryonalen Zellen gearbeitet, die noch nicht die Gestalt des künftigen Menschen erkennen lassen. „Bloße Zellhaufen unter dem Mikroskop", sagen die Forscher und versprechen, durch Zellentnahmen aus diesem Gewebe unheilbare Krankheiten aus unserem Leben zu verbannen.

Uns alle erschüttert das Bild des Physikers Stephen Hawking, Forscher und Bestsellerautor, der sein Leben im Rollstuhl verbringt und nur über ein ausgeklügeltes elektronisches System mit seiner Umwelt kommunizieren kann. Er leidet an ALS (amyotropher Lateralsklerose), einer Muskelkrankheit, die zur Zeit ohne Heilungschance ist. Auch im persönlichen Lebensumfeld werden wir mit Schicksalen von Alzheimer-Kranken, dem Leid und der Überforderung ihrer Angehörigen konfrontiert: Parkinson, Diabetes, 1500 Erbkrankheiten – all dies haben die Forscher auf ihrer Agenda und hoffen, diese Krankheiten durch „therapeutisches Klonen" in Zukunft überwinden zu können.

Mit dem Begriff „therapeutisches Klonen" grenzen sie sich von den Scharlatanen ab, die alle paar Monate den geklonten Menschen versprechen: Sektenführer und Winkelärzte, die einen PR-Gag brauchen, um auf sich aufmerksam zu machen und ihre Geltungssucht zu befriedigen. Sie wollen das Klonschaf Dolly in Menschengestalt. Das hat schon in der Tierwelt nicht funktioniert. Geklonte Föten leiden bereits bei der Geburt an Übergewicht und sind gezeichnet von Missbildungen, für die der Mediziner noch keine Erklärung hat. Die geklonten Wesen leiden an Herz- und Kreislaufschäden, ihr Immunsystem ist gestört, die Anfälligkeit für Tumore steigt. Für die Tierwelt hat man die Züchtung via Klonen inzwischen als zu ineffizient und zu kostspielig aufgegeben. Wer angesichts des Ausgangs dieser Experimente an das Klonen von Menschen denkt, der – so fasst der Molekularbiologe Eckard Wolf eine Einsicht der Fachwelt zusammen – sei „wahnsinnig".

Nun ist die Welt nicht frei von Wahnsinn. Das „reproduktive Klonen", an dessen Ende der reproduzierte Mensch, der menschliche Doppelgänger stünde, ist jener Wahnsinn, von dem die Forscher sprechen. Es bedarf keiner Verankerung in der christlichen Religion, um die Einzigartigkeit des Menschen zu verteidigen. Der Mensch vom Fließband, der krankheitsfrei und nach den Schönheitsidealen seiner Epoche designed ist, ist auch jedem nicht christlich geprägten Humanisten ein Greuel. Die Unantastbarkeit des menschlichen Individuums ist eine ethische Grundentscheidung, die über die Weltanschauungsgrenzen und über die Jahrhunderte hinausreicht. Immanuel Kant, der das Wort von der Menschenwürde geprägt hat, empfahl für die Urteilsbildung in moralischen Fragen, ein jeder solle das Problem „an der Stelle jedes anderen" bedenken, um die Gültigkeit eines Grundsatzes für sich selbst zu beglaubigen. Jeder Mensch will er selbst sein und nicht verwechselbar mit jedem anderen.

Therapeutisches und reproduktives Klonen aber haben ein und dieselbe Quelle. Die gemeinsame Quelle ist dieser „bloße Zellhaufen". Doch dieser Haufen ist eben mehr als eine rein zufällige Ansammlung von Biomaterial. Er enthält bereits das Projekt des Menschen und ist eben deshalb schon „Embryo". Und dieser ursprüngliche Embryo wird durch den Eingriff in sein Zellgewebe zerstört oder nimmt Schaden. Wer eine Schädigung oder Zerstörung des Lebens in diesem frühen Stadium zum Zweck des therapeutischen Klonens ethisch nicht akzeptiert, muss deshalb kein Gegner des biomedizinischen Fortschritts sein. Denn das therapeutisches Klonen ist nur der eine Ansatz zur Gewinnung von vielfach verwendbaren Zellen. Stammzellenpotentiale finden sich auch in rund zwanzig Gewebetypen im Körper des bereits erwachsenen Menschen sowie in der Nabelschnur von Neugeborenen. Die Biomedizin erforscht auch diesen Weg, um ohne Schädigung und Zerstörung von Embryonen Stammzellen zu gewinnen und zu vermehren.

Aber der Zugriff auf Embryonen ist für die Forschung weit einfacher, weil infolge der gesellschaftlichen Akzeptanz der künstlichen Befruchtung inzwischen eine Überfülle tiefgekühlter menschlicher Embryonen existiert, die für eine Schwangerschaft nicht mehr genutzt werden. So zynisch es klingen mag, so macht die Verwendung eines Marktwirtschafts-Vokabulars deutlich, welche Fehlentwicklungen die künstliche Befruchtung genommen hat. Die Massenproduktion menschlicher Embryonen hat dazu geführt, dass das Angebot die Nachfrage übertrifft und sich nun die Frage nach dem weiteren Nutzen der ansonsten nicht mehr verwendbaren Produkte stellt. Die Frage lautet: Auf Dauer bewahren, vernichten oder für die Forschung und damit zum „therapeutischen Klonen" freigeben?

Ich weiß für mich keine endgültige Antwort, neige aber denen zu, die diese Embryonen den Forschern überlassen wollen. Generell verbietet sich bei diesen existenziellen Problemen jedweder Rigorismus. Menschlich nicht zu verurteilen ist, wer aus Verzweiflung an seiner eigenen Situation der Biomedizin alle Forschungswege eröffnen will. Auch wer einer Abtreibung bei einer erkennbaren gesundheitlichen Schädigung von Mutter oder Kind oder aus sozial unüberwindbaren Konflikten heraus zugestimmt hat, wird bei einer Selbstbefragung nicht zwangsläufig zum Befürworter des therapeutischen Klonens werden. Zwischen einer individuellen Entscheidung in einer spezifischen Situation und einer generellen Befürwortung des Eingreifens in embryonales Leben liegen Welten.

**Genetische [statt: „biogenetische"] Experimente versprechen Heilungschancen für Krankheiten, die heute nicht zu behandeln sind. Ist es vertretbar, solche Forschungsvorhaben und Zukunftsoptionen gesetzlich auszuschließen – aus Respekt vor den Grundlagen menschlichen Lebens?**

*Norbert Lammert*

Die Frage zu entscheiden, ob wissenschaftliche Forschung gesetzlich begrenzt werden darf oder vielleicht sogar muss, gehört zu den schwierigsten parlamentarischen Aufgaben, schon gar, wenn es um mögliche Heilungschancen für chronische und lebensbedrohende Krankheiten geht. Als der Bundestag vor vielen Jahren das Embryonenschutzgesetz beschlossen hat, wollte er das Entstehen menschlichen Lebens auch außerhalb des Mutterleibes möglich machen. Zugleich wollte er jede Manipulation menschlichen Erbguts unterbinden. Vor fünf Jahren wurde das Gesetz novelliert, das nicht nur vielen Wissenschaftlern zu restriktiv erscheint. Ich gehöre zu den Mitgliedern des Deutschen Bundestages, die mit Erfolg für eine Bekräftigung des grundsätzlichen Verbots der Forschung an menschlichen Embryonen gestritten haben.

Je länger ich mich mit den Entwicklungen der modernen Biomedizin, embryonalen Stammzell- und Genomforschung beschäftige und je mehr ich davon verstanden zu haben glaube, desto unsicherer werde ich in meiner Beurteilung. Drei Einschätzungen allerdings sind mir bei meinem ernsthaften Bemühen um sorgfältige Behandlung dieses Themas zur persönlichen Gewissheit geworden:

Erstens: Es gibt keine Entscheidung, die ethisch vollkommen aufgeht, die über alle Zweifel erhaben ist, weil sie allen ethischen Ansprüchen genügt. Der Schutz des menschlichen Lebens verdient jede Anstrengung und schließt gerade deshalb Manipulationen an seinem Anfang wie an seinem Ende aus.

Zweitens: Soweit uns die Fortschritte der Humangenetik Heilungschancen für bislang nicht therapierbare schwere Krankheiten eröffnen, bieten sie zugleich höchst zweifelhafte Aussichten auf eine genetische Programmierung noch nicht geborener Menschen. Immer häufiger werden die Versuche, Kinder genetisch so zu „optimieren", dass man aus ihren Körpern später Zellen gewinnen kann, mit denen ihre kranken Geschwister geheilt werden sollen. Schon ihre Geburt verfolgt einen anderen Zweck als sie selbst.

Die Nutzung von Embryonen ist die Verdinglichung werdenden menschlichen Lebens. Dies ist für mich der Anfang vom Ende einer glasklaren Unterscheidung zwischen Person und Sache. Es geht nämlich um mehr als nur um die Frage, wie unsere Gesellschaft mit Wissenschaft und Technik umgeht. Es geht um die Haltung unserer Gesellschaft zu ihren grundlegenden Wertüberzeugungen. Aldous Huxleys „schöne neue Welt" mit dem nach mathematisch-naturwissenschaftlichen Gesetzen perfekt funktionierenden Menschen wäre bestenfalls eine neue, aber ganz gewiss keine schöne Welt.

Drittens: Es gibt keine Möglichkeit, das grundsätzliche Verbot der Forschung an menschlichen Embryonen gleichzeitig mit der Erlaubnis der Forschung unter bestimmten Bedingungen zu verbinden. Wenn Forschung an Embryonen und ihre Tötung unter festgelegten Voraussetzungen überhaupt erlaubt ist, dann wird aus genau denselben Gründen auch die Herstellung von Embryonen zu Heilungs- und Forschungszwecken erlaubt werden.

Der gesamte Gang der Menschheitsgeschichte ist eine unübersehbare Demonstration der Eigendynamik solcher Entwicklungen. Der Mensch hat sich, so wie er geschaffen ist und sich entwickelt hat, nie mit den Defiziten seiner Existenz abfinden wollen – am wenigsten mit der Schicksalhaftigkeit von Anfang und Ende seines Lebens. Er hat immer wieder vorgefundene Grenzen bekämpft, bis sie überwunden, mindestens aber verschoben waren. So ist das Maß des Möglichen immer mehr zum Maßstab des Erlaubten geworden. Und wenn am Ende alles möglich ist, soll dann auch alles erlaubt sein?

Die Politik hat nicht zu klären, was wissenschaftlich, technisch oder medizinisch möglich ist, sondern zu entscheiden, was in unserer Gesellschaft erlaubt sein soll und was nicht zugelassen werden darf. Die sehr unterschiedliche nationale Gesetzgebung in der EU verdeutlicht das ethische Dilemma. So haben sich die EU-Forschungsminister zwar darauf geeinigt, den „Verbrauch", also die Tötung menschlicher Embryonen zunächst von der EU-Förderung auszunehmen. Die Forschung mit den durch Tötung der Embryonen gewonnenen embryonalen Stammzellen aber soll künftig offiziell gefördert werden können. Wie ernst nehmen wir unser Verbot der Forschung an menschlichen Embryonen und embryonalen Stammzellen, wenn es im Ergebnis fallen soll, sobald Wissenschaft und Medizin die Möglichkeiten dafür eröffnen? Wie unantastbar sind der Schutz des Lebens und die Würde des Menschen von seinem Entstehen an, wenn sie – über den unlösbaren Konflikt „Leben gegen Leben" hinaus – der Abwägung mit anderen Interessen zum Opfer fallen können?

Den Anfängen zu wehren, ist es längst zu spät. Aber es ist nie zu spät, Entwicklungen, deren Folgen unabsehbar sind, anzuhalten oder mindestens aufzuhalten – wenn wir nur den Mut haben, Nein zu sagen, solange dies noch möglich ist.

**» Meine Mutter leidet seit Jahren, ihr Zustand wird immer schlimmer. Ich bin Ärztin, und sie bittet mich immer flehentlicher, sie zu erlösen. Auch wenn es rechtlich verboten ist, habe ich nicht die moralische Pflicht, ihr beizustehen, ihr zu einem würdigen, selbstbestimmten Tod zu verhelfen? «**

*Bettina Schausten*

Als sie ein kleines Mädchen war, hatten Mutter und Tochter ein Spiel. Es hieß: Was wäre, wenn? Was wäre, wenn die Sterne vom Himmel fielen? Was wäre, wenn der Herbststurm das Haus begraben und alles, Autos, Menschen und den Hund, wegfegen würde? Was wäre, wenn Oma aus dem Himmel zurückkehren und sich auf den Rand des Bettes setzen würde? Was wäre, wenn – das Spiel beschwor alle Schrecken der Kinderseele und bannte sie zugleich. Auf alles hatte die Mutter eine ebenso beruhigende wie versöhnliche Antwort, und wenn es die Fantasie der Tochter allzu toll trieb, sagte sie schon mal: Jetzt reicht's, nichts passiert dir. Ich bin da.

Als wirklich etwas passierte – 30 Jahre später – war es die Mutter, die die Frage wieder stellte, die Zuflucht suchte bei der Tochter, der Ärztin, auf die sie so stolz war und die sie nun fragte: Was wäre, wenn? Was wäre, wenn ich dich bitten würde, ein Ende zu setzen, mein Ende zu setzen? Vorausgegangen waren Jahre mit Hoffen und Bangen, mit wenigen Aufs und vielen Abs, seit Monaten ging es nur noch bergab. Die nächste Operation stand bevor, riskant, das wussten beide, die Gefahr schwerer Schädigungen war groß, die Aussicht, dass die Mutter zwar überleben, aber nie mehr würde leben können, real. Was wäre, wenn das einträfe?

Die Vorstellung, an Maschinen gekettet zu vegetieren, ausgeliefert der Apparatemedizin oder ausgeliefert den Schmerzen, das wollte die Mutter nicht. Wollte auch die Tochter nicht. Aber wie könnte sie ein Leben beenden, das ihr selbst das Leben geschenkt hatte? Mit dieser Schuld würde sie nicht leben können, das wusste sie. Und sagte es der Mutter: Verlang das nicht von mir! – Du bist die Ärztin, sagte sie, du wirst wissen, was zu tun ist, ich vertraue dir.

Es gab Momente, in denen hasste die Tochter die Mutter dafür. So funktioniert das nicht, diese Verantwortung kannst du mir nicht aufbürden! Du kannst nicht verlangen, dass ich weiterlebe in der Gewissheit, dein Leben ausgelöscht zu haben! Wie soll mein Gewissen das tragen? Die Zehn Gebote hatte die Mutter sie gelehrt. „Du sollst nicht töten" war ihnen immer als das wichtigste erschienen, auch wenn es Momente gab, in denen die Mutter darauf hinwies, dass „Du sollst Vater und Mutter ehren" im Dekalog noch davor stünde. Nie hätte sie sich träumen lassen, dass eines das andere ausschließen könnte.

Manchmal gelang es der Tochter auszublenden, dass es in diesem Fall um die eigene Mutter ging. Vor den überbordenden Emotionen von Angst, Trauer und Zorn suchte sie Zuflucht in der Rolle der Ärztin, die doch in der Lage war, nüchtern abzuwägen. Hippokratischer Eid, Grundsätze des eigenen Standes, das Gesetz – aus allem ergab sich das Verbot aktiver Sterbehilfe. Leben erhalten, Gesundheit schützen, Leiden lindern – dieser Dreiklang war ihr lange wie die Überschrift, die Richtschnur einer Profession vorgekommen, wie es keine schönere geben konnte. Leben aktiv zu beenden oder nur das Mittel in die Hand zu geben, damit ein Patient sein Leben selbst beendete, das verbot ihre ärztliche Überzeugung.

Berichte, wonach in den Niederlanden, seit dort aktive Sterbehilfe in engen Grenzen legalisiert war, immer wieder alte Patienten ein Papier bei sich trügen, das den ausdrücklichen Willen bekundete, nicht aktiv aus dem Leben befördert zu werden, erschütterten und bestärkten sie in ihrer Überzeugung. Waren es nicht oft die Angehörigen, die im Angesicht des Todes zu der Überzeugung kamen, das hätte die Mutter, der Vater, der Bruder bestimmt nicht gewollt. Und selbst wenn eine Verfügung des Patienten vorlag, war der Wille vorher überhaupt genau festzulegen? Sie hatte Patienten erlebt, die die Diagnose einer schweren Krankheit und die Vorstellung dessen, was auf sie zukommen könnte, zu einer klaren Willensbekundung veranlasst hatte: Bitte nicht mit mir. Die dennoch ihren Willen änderten und, obwohl alle Schreckensvisionen sich erfüllt hatten, an dem letzten Rest ihres Lebens hingen.

Und doch: Der ausdrückliche Wille eines Menschen, über sich selbst zu bestimmen, die eigene Würde auch im Sterben gesichert zu sehen, konnte nicht einfach übergangen werden. Nichts hatte es mit Würde zu tun, auch das hatte sie erlebt, einen Sterbenskranken ohne jegliche medizinische Aussicht auf Besserung seines Zustands zu reanimieren, ihn dem Tod zu entreißen, wenn die Angehörigen nicht bereit waren, ihn die Schwelle zum Tod überschreiten zu lassen. Der Graubereich war groß, in dem sich Ärzte bewegten, wenn sie sich für einen Ton des Dreiklangs entscheiden mussten: Wenn es um Gesundheit längst nicht mehr ging, galt es abzuwägen, was Vorrang haben sollte: Leiden zu lindern oder Leben zu erhalten. Sie wusste: Dies könnte die Entscheidung sein, die auf sie zukäme, wenn es so wäre.

Was wäre, wenn? Liebe Mutter, Erlösung kann ich dir nicht geben. Nicht als Tochter, nicht als Ärztin. Als Ärztin ist mein Bezugspunkt das Leben, als Tochter hänge ich nicht nur am Leben, sondern an deinem Leben. Ich könnte es niemals aktiv nehmen. Aber ich habe die Verpflichtung, deinen Willen zu akzeptieren. Als Ärztin wie als Tochter, die ihre Mutter liebt. Ich bin da. Ich verspreche, alles zu tun, damit du nicht leidest. Ich verspreche, nicht alles zu tun, damit du weiterlebst, wenn das mit zu viel Leid für dich verbunden ist. Und ich bete, dass ich vor diese Entscheidung nicht gestellt werde.

# Kapitel 5

## Ist Geiz wirklich geil?
## Das liebe Geld und wir, wir und das liebe Geld

## » Soll ich meine Kinder für Mithilfe bei der Hausarbeit oder gute Schulnoten mit Geld belohnen? «

*Christine Brinck*

Geld regiert die Welt! Geld stinkt nicht! Über Geld redet man nicht! Jedes Kind hört diese Sprüche. Andererseits hört es auch: „Alles hat seinen Preis!"

Genau, sagen da die Kinder, darum müsst ihr auch zahlen, wenn wir den Müll raustragen, die Schuhe putzen, die Küche oder das eigene Zimmer aufräumen. Das Rundum-Sorglos-Paket der modernen Familie, in der früh die Nehmerqualitäten der modernen Anrechtsgesellschaft eingeübt werden, legt das nahe. Merkwürdig indes, dass nur Mutter nie die Hand aufhält, wenn sie die Schuhe wegräumt, den Salat putzt, die Handtücher in die Waschmaschine wirft oder die Betten bezieht. Noch merkwürdiger, dass den fordernden Erben wie den augenrollend nachgebenden Eltern der Widerspruch zwischen elterlichem Altruismus und kindlicher Habgier nicht auffällt.

Müssen, sollen Eltern wirklich für die Handreichungen ihrer Dereinst-Erben zahlen? Sie müssen nicht und vor allem sollten sie nicht. Schließlich sind für das häusliche Gefüge nicht nur die Eltern verantwortlich, sondern alle Familienmitglieder. Das Kind, das den Müll rausträgt oder den Rasen mäht, trägt seinen Teil ebenso bei wie die Mutter, die kocht und das Frühstück bereitet, oder der Vater, der den Bollerwagen repariert. Auch die Eltern werden ja nicht für die Familienarbeit mit Geld entlohnt. Max und Marie können nur von klein auf lernen, dass sie Teil einer kleinen Gemeinschaft sind, in der jeder sein Scherflein beiträgt.

Kinder sind wie ihre Eltern Konsumenten. In einer Welt, in der Shopping eine Freizeitbeschäftigung ist wie Fußball, gehen auch Kinder gern einkaufen. Dafür wurde das Taschengeld erfunden. Übersteigen die Wünsche das Einkommen, muss zuverdient werden. Freilich nicht in der Familie, denn die hat schon das Grundgehalt bereitgestellt. Wer Max und Marie so erziehen will, dass sie nicht schon früh in die Schuldenfalle laufen, sollte zwar jährlich ihr Taschengeld aufstocken, aber nicht die Familie zum Abzocken freigeben. Wer die kleinen häuslichen Arbeiten bezahlt, darf sich nicht wundern, wenn die Kinder für den Besuch bei der Oma auch noch Geld verlangen. Einer für alle, alle für einen ist nicht nur das Motto der Musketiere, sondern sollte in goldenen Lettern über jeder Familie prangen.

Klar, dass die Beiträge eines Fünfjährigen begrenzter sind als die des Fünfzehnjährigen. Doch der Stolz des Fünfjährigen über seinen gedeckten Tisch ist mit einer Münze gar nicht zu bezahlen, mit dem Lob der Eltern, der Freude über diese häusliche Großtat schon. Es gibt freilich Arbeiten in Haus und Garten, die außerhalb der täglichen Hilfen liegen. Wenn Alice den ganzen Sommer Unkraut zupft und Franz den ganzen Winter Schnee schippt, kann man schon einen Preis aushandeln. Ansonsten gilt: Wenn die kleinen und großen Kinder ihr Taschengeld aufbessern wollen, können sie das außerhalb des Hauses tun. Zeitungen austragen, Auto waschen, Katze füttern, Hund ausführen oder Babysitten, Möglichkeiten gibt es viele.

Für gute Zensuren und Zeugnisse darf es doch aber was extra geben?, fragt manche Mutter bang. Auch hier sagt der Moralist: Nein. So wenig, wie man kleine Kinder mit Bonbons für den Kindergarten ködert, so wenig sollte man Schulkindern mit Geld winken, um Leistung zu erzielen. Die Schule ist die Arbeit der Kinder, und die gilt es so ordentlich zu machen, wie man nur kann. Die Belohnung ist die gute Leistung. So zumindest läuft es in der Welt der Erwachsenen. Dafür bekommen die Kinder Wohnung, Kleidung, Essen, tolle Geburtstags- und Weihnachtsfeste, Krankenpflege, Klavierunterricht, Hockeytraining und meistens eine Menge Liebe. Kein halbwegs realistisches Kind wird wohl je sagen: „Wenn du mir keine Prämie auslobst, dann schreib ich eben nur eine Vier!“ Feiern sie mit Ihrem Kind, wenn eine Arbeit besonders gelungen ist, ein Zeugnis besser als erwartet ausfällt, aber bezahlen sie es nicht für seine Schularbeit!

**» Junge Leute kommunizieren heute anders als früher. Mein Sohn verlangt von uns, dass wir ihm ein Handy finanzieren. Sollen wir ihm nachgeben, damit er mit anderen mithalten kann? «**

*Heide Simonis*

Kinder wollen immer das, was andere Kinder haben. Das fängt schon mit dem Sand-Eimerchen auf dem Spielplatz an. Später treten dann an die Stelle solch eher profaner Dinge echte Prestigeprodukte: Markenklamotten, moderne Computerspiele, Handy, Fernsehen, Videos. Soll man sich darüber aufregen? Kann man das verbieten? Bevor man diese Frage beantwortet, müsste man sich fragen, woher Kinder diesen Wunsch nach Nachahmung haben. Offensichtlich sind Erwachsene nicht ganz unschuldig daran. Woher wissen Kinder schließlich, dass Markenklamotten hip sind? Wer sagt Ihnen, welcher iPod, welches Handy, welche Kleinbildkamera oder anderes Prestigeprodukt mega-out oder mega-in ist? Wo lernen sie, dass der Besitz solcher Dinge einem in der Gruppe eine besondere Stellung einräumt bzw. dass das Nicht-Besitzen Ausgrenzung bedeutet? Bevor man sich also fragt, was man seinen Kindern nicht erlauben sollte, müsste man sich fragen, was man selbst nicht mehr tun dürfte, um die Kinder zu überzeugen.

Und da landen wir ohne Zweifel beim Handy. Wer da nicht überall und zu jeder Stunde – und natürlich auch da, wo es verboten ist – seine Wichtigkeit durch ewig klingelnde Handys und ewig laute Gesprächsfetzen (Ich bin jetzt in der Bahn, es dauert noch drei Stunden! Ich bin jetzt im Speisewagen und trinke einen Kaffee usw.) beweisen muss. Immer häufiger aber sind Kinder im Alter zwischen zehn und achtzehn Jahren anfällig für eine heftige Attacke von IT-Sucht. Jungs spielen wie besessen in der virtuellen Welt von Computerspielen und Mädchen telefonieren ebenso besessen mit ihrer besten Freundin, als hätten sich die beiden seit Hunderten von Jahren nicht mehr gesehen.

Eltern stehen dem oft ratlos, manchmal sogar fassungslos gegenüber. Verbieten hat nur wenig Zweck, aber einfach so laufen lassen, das erscheint auch nicht erstrebenswert, zumal wenn die Kinder Anzeichen einer echten Obsession zeigen, sich abschotten, sich in ihr Zimmer verkriechen und manchmal auch nicht sagen wollen, mit wem sie gerade telefonieren. Nicht wenige Kinder haben Handy-Rechnungen, die jedem mittelständischen Unternehmer zur Ehre gereichen würden! Die vage Hoffnung, es werde sich schon alles von allein wieder zurechtlaufen, kann man getrost verabschieden. Man kann nur gemeinsam lernen, damit umzugehen und feste Regeln aufzustellen, an die sich beide Seiten zu halten haben. Das Gute am Handy ist ja, dass man die Kinder erreichen kann. Das kann ein wenig den Überblick darüber erleichtern, was die lieben Kleinen gerade so treiben; es ist aber auch eine gute Möglichkeit, an Terminabsprachen zu erinnern und last but not least selbst für die Kinder erreichbar zu sein.

Damit ist also entschieden, dass Kinder ein Handy haben sollten, wenn die Eltern es finanzieren können. Offen sind aber noch die Bedingungen. Mein Rat ist: Es sollte ein robustes sein – mit nichts anderem als der Telefon-Funktion und mit einer Prepaid-Karte. Das ist übrigens auch ein Schutz gegen das Abgreifen durch andere Gruppen oder Gangs. Mit den Großeltern absprechen, dass sie den geliebten Enkelkindern nicht heimlich eine schön volle und große Prepaid-Karte zustecken (außer als Geschenk zu Geburtstag oder Weihnachten). Und dann muss noch gemeinsam entschieden werden, welches Alter das richtige Einstiegsalter für die modernen IT-Technologien ist. Das dürfte höchstwahrscheinlich für jedes Kind sehr unterschiedlich sein, und es hängt auch davon ab, ob beide Elternteile berufstätig sind oder das Kind von einem alleinerziehenden Elternteil großgezogen wird, also die Aufsichtsfunktion des Handys für die Eltern wichtig ist. Und natürlich davon, wie viel Geld die Eltern überhaupt dafür ausgeben können.

Manche Kinder haben Schwierigkeiten, die Zeit einzuschätzen, die sie am Telefon, Handy oder Fernseher verbringen. Vorwürfe der Eltern werden häufig als kleinkrämerisch verstanden. Auch da gibt es Möglichkeiten, gemeinsam herauszufinden, wie Zeit richtig beurteilt werden kann. Die meisten Fachleute haben allerdings für Eltern einen Trost bereit: Viele Kinder haben nach Anfangs- und Startschwierigkeiten spätestens nach einem Jahr kaum bis gar keine Schwierigkeiten beim vernünftigen Umgang mit Elektronikgeräten. Also scheint mir eine Altersgrenze von 12 bis 14 Jahren vernünftig.

Und noch etwas: Man kann natürlich etwas dagegen tun, dass sich die Welt der Kinder nur ums Handy dreht: ihre Freunde einladen, für Abwechslung sorgen, z.B. bei Sport und Spielen im Freien, gemeinsame Radtouren, Kinobesuche (besser als TV, weil kontrollierbarer). Kinder, die so vieles gemeinsam machen können, haben kaum noch Zeit, stundenlang mit dem Handy abzuhängen. Trotzdem ist Wachsamkeit angesagt: Man sollte immer wissen, mit wem die Gören telefonieren oder im Internet surfen, weil hier Zufallsbekanntschaften entstehen könnten, die die Eltern nicht mehr überschauen und die leider manchmal sehr gefährlich sein können.

**Bei der Suche nach einer Putzhilfe stößt man meist auf Bewerber/innen, die interessiert sind, schwarz zu arbeiten. „Sonst rechnet es sich nicht", sagen die allermeisten. Da es alle tun – ist es in Ordnung, jemanden auf dieser Grundlage zu beschäftigen?**

*Richard Meng*

Wie leicht ist es doch, eine klare Meinung zu haben, wenn Normverstöße organisiert und mit großen Gewinnerwartungen verknüpft sind. Wenn es Schlepperbanden sind, die Armutsflüchtlinge gegen viel Geld einschleusen, und nicht individuelle Schicksale im Mittelpunkt stehen. Wenn im großen Stil illegale Arbeiter auf Baustellen eingesetzt werden. Wenn gewerbsmäßig Eigentumsdelikte begangen werden. Ja, das ist dann kriminell – und anonym. Die Moralgrenze ist eindeutig. Keine Grauzonen. Kein Hauch von Verständnis wegen persönlicher Notlagen nötig.

Das Alltagsleben ist anders, überall auf der Welt. Das Wort „Fünfe gerade sein lassen" markiert die Annäherung an die oft sehr unscharf scheinenden Grenzlinien – von der mehrheitsgesellschaftlichen Seite her gedacht. Also: Spielräume ausnutzen, und sei es manchmal auch – zum guten Zweck – durch kleinere Grenzüberschreitungen, gemessen an ganz formalistischer Sichtweise. Das Wort „Nur seine Rechte wahrnehmen" steht für eine etwas andere Grenzannäherung: Rechtsspielräume, die der Staat sehenden Auges offen ließ, auch zu nutzen, selbst wenn damit im Einzelfall dem Motiv der Regelung kaum mehr entsprochen wird. Wie: Bafög für Kinder gut verdienender Selbständiger, deren zu versteuerndes Einkommen aber nur gering ist. Eindeutiger kritikwürdig: das Bestreben, ganz gezielt Regelungs-, Kontroll- oder Sicherheitslücken auszunutzen, um jenseits von Regeln Vorteile zu ziehen. Abgaben oder Steuern zu hinterziehen, und sei es um eine wirtschaftliche Tätigkeit überhaupt erst rentabel zu machen – weil Arbeit doch schließlich besser sei als Nicht-Arbeit. Da ist sie dann, die individuelle Logik. Eine andere.

Man sieht: Zwischen Falschparken und Bandenkriminalität ist ein Feld voller moralischer Grauzonen. Im Alltag rettet manchmal keine höhere Regel, man muss schon selbst die moralische Verantwortung für das eigene Verhalten übernehmen. Das beginnt bei den ungeschriebenen Regeln, z. B. beim – mehr oder weniger höflichen – Vordrängeln am Bahnschalter oder an der Ladenkasse. Und die Akzeptanz ist nicht zuletzt abhängig vom Ton, der angeschlagen wird. Es endet – und wird kompliziert – mit dem Blick auf konkrete Leistungsempfänger wie auch Leistungsgewährer bzw. -nachfrager, vor allem: auf Arbeitskraftanbieter genauso wie auf Arbeitskraftnachfrager. Bei der Schwarzarbeit im Privatumfeld werden solche Abwägungen besonders schwierig.

Jeder kennt die Handwerker, die wahlweise mit oder ohne Rechnung arbeiten. Die Familienclans – oft Aussiedler oder Zuwanderer –, die ganze Renovierungs-Komplettangebote jenseits des offiziellen Arbeitsmarktes machen. Die Studentenjobs in Kneipen. Die Putz-, Garten- oder Hausaufgabenhilfe im Kleinstumfang, bei der die Regelungsklippen durch Schweigen überwunden werden. Bezahlung in bar, über den Steuer- und Sozialversicherungsstatus hat man nicht geredet. Tut man es doch, zeigen im Zweifel die Arbeitskraftanbieter(innen) noch weniger Interesse an einer regulierteren Abrechnungsweise als die Arbeitskraftnachfrager.

Für all das hat man den Begriff der Schattenwirtschaft erfunden. Er ist nicht schlecht. Das Gebäude des Regelarbeitsmarktes wirft einen Schatten, in dem sich die Grauzonen entwickelt haben. Die Schattenwirtschaft ist in Deutschland größer als offen erkennbar – aber im Osten Europas und im Mittelmeerraum ist sie offenkundig noch sehr viel dominanter. Andererseits: Dieser Begriff Schattenwirtschaft anonymisiert. Er generiert ein Abstraktum, zu dem man sich so oder so stellen kann – quasi von außen. Im Alltag ist man nicht außen. Es gehört einige Rigidität dazu, mehreren Wunschkandidatinnen einen Putzauftrag abzusagen, nur weil sie – wahrscheinlich aus Gründen parallelen Sozialhilfebezugs – die Arbeit auf keinen Fall offiziell erledigen wollen. Oder bei fachlich harmlosen Kleinst- und Schönheitsreparaturen lieber einen teuren, ausgebildeten Facharbeiter kommen zu lassen als mal eben jemand um Erledigung zu bitten, der das zeitnah und für ein Drittel des Geldes tut.

Moral, eine Frage der Dimension? Man kann und muss die Frage auch umgekehrt stellen, an die Adresse des regelnden Staates: Moralverstoß, eine Frage der Dimension? Sie zu bejahen, spräche für Schwamm-drüber-Freigrenzen. Für ein faktisch geduldetes Maß an Kavaliersregelverstößen, vergleichbar dem Straßeüberqueren bei roter Fußgängerampel. Nicht schön, sogar verboten, aber Lebenswirklichkeit. Sanktion zur Eindämmung sinnvoll, nicht aber in der Illusion dauerhafter Verhinderung. Doch auch das bleibt streng juristisch gesehen nur eine Gedankenkrücke, die nicht weit führt. Außer zu einem – soll man sagen: typisch deutschen? – Willkürproblem. Es bestünde in der Notwendigkeit, eine gesellschaftlich akzeptierte Grenze zu definieren. So etwas gibt es nicht.

Heerscharen von Beamten haben versucht, für nach und nach ausgebaute Wochenend-Gartenhäuser durch die Definition von Quadrat- und Kubikmetergrenzen einen Maßstab zu definieren, ab dem aus einer noch eben legalen Hütte ein illegaler Schwarzbau wird. Die Moraldebatte wird von den Besitzern voller Empörung umgekehrt geführt, wenn die Staatsmacht wirklich mit dem Abriss droht. Regelübertretung kann auch ein individuelles Freiheitserlebnis (gewesen) sein. Damit womöglich gar ein Kulturgut? Ein Beispiel für Lebenstüchtigkeit und Schaffenskraft? Ein Fall bürgerlichen Ungehorsams obendrein? Es gibt gerade in der berühmten Mitte der Gesellschaft oft so etwas wie Identitätsstiftung mittels Durchwursteln, trotz einer insgesamt gesetzestreuen Lebensführung. Etwas zu viel Alkohol am Steuer. Ein wenig Versteckspiel bei der Steuererklärung. Etwas

Ignoranz gegenüber engen Umweltauflagen, beim Baumfällen oder beim Feueranzünden. Und damit immer auch etwas privater Egoismus, wo nach außen Gemeinschaftlichkeit zelebriert wird. So sieht es aus, das Doppelgesicht der Mehrheitsgesellschaft.

Das sind Zielkonflikte diesseits der großen Frage nach der Moral. Aber sie dürfen dann individuell nicht allein aus der Sicht des Eigeninteresses beantwortet werden. Die gesellschaftliche Frage ist inzwischen eher, ob die Einzelnen überhaupt noch so viel Verantwortungsgefühl für die Gemeinschaft aufbringen, dass sie dafür moralisch abzuwägen bereit sind. Und die Putzfrau *deshalb* regeltreu anmelden.

**» Ich bin dabei, meine Steuererklärung zu machen, und ärgere mich über die vielen Abzüge. Es gibt 1000 legale Steuertricks. Ist, wer (steuer)-ehrlich ist, nicht automatisch der Dumme? «**

*Gernot Mittler*

Was hat meine Steuererklärung mit der Wertediskussion zu tun? Schließlich geht es doch „nur" darum, den Gesamtbetrag meiner Einkünfte zu ermitteln, die Beträge in einen Fragebogen, „Steuererklärung" genannt, sorgfältig und korrekt einzutragen, einschließlich möglicher Sonderausgaben und „außergewöhnlicher Belastungen", und das alles fristgerecht dem Finanzamt einzureichen. Dieses setzt sodann die Steuern fest, und damit hat es sich.

Doch ganz so einfach ist die Sache nicht. Denn das Steuerrecht ist kompliziert. Und so hat sich eine üppig gewachsene Branche etabliert, Steuerberater, Wirtschaftsberater, Anlageberater, die für ihre Mandanten und Kunden steuerliche Ergebnisse „optimieren", d.h. im Klartext die Steuerzahlung minimieren. Für den, der auf professionelle Beratung verzichtet, hält nahezu jede Buchhandlung eine umfangreiche Literatur mit „Steuertricks" bereit, die auch dem Laien verrät, wie er Steuern spart. So kann manch einer stolz am Stammtisch oder bei Kollegen berichten, dass er es dem Finanzamt einmal so richtig gezeigt hat. Des Respekts seiner Zuhörer darf er sich sicher sein!

Problematisch wird das Spiel, wenn die Grenze zwischen (legaler) Steuergestaltung und (strafbarer) Steuerverkürzung überschritten wird. Zwar wird auch Letzteres durchweg den Applaus der Bewunderer nicht schmälern, denn Steuerhinterziehung gilt bei uns eher als Kavaliersdelikt denn als geächtete Straftat. Aber es ist genau dieser Moment, an dem die Wertefrage einsetzt – für den Einzelnen, der seine Unterschrift unter eine mehr oder weniger „geschönte" Steuererklärung setzt, aber auch für die Gesellschaft. Einerseits: Wer möchte schon gerne der Dumme sein? Andererseits: Was ist die Folge für das allgemeine Rechtsempfinden, wenn der „kreative" Steuergestalter mehr gilt als der „brave" Steuerzahler?

Im Kapitel 13 seines berühmten Briefes an die Römer beschreibt der Apostel Paulus das Verhältnis des Christen zur staatlichen Ordnung so: Notwendig sei es, dem Staat „Gehorsam zu leisten, nicht nur aus Furcht vor der Strafe, sondern vor allem um des Gewissens willen. Das ist auch der Grund, warum ihr Steuern zahlt, denn in Gottes Auftrag handeln jene, die Steuern einzuziehen haben. Gebt allen, was ihr ihnen schuldig seid, sei es Steuer oder Zoll, sei es Furcht oder Ehre." Hier geht es also nicht um das Nur-Fiskalische, vielmehr wird der Bogen weiter gespannt. Die Steuern werden zu einem Instrument im Sinne und im Dienste des Gelingens von Staat und Gesellschaft.

Allerdings ist Steuerpolitik immer auch in ihrer Rückbezüglichkeit zur staatlichen Aufgabenerfüllung zu sehen. Der Staat greift über die Steuer freiheitsbeschränkend auf das Vermögen und das Einkommen seiner Bürger zu; zugleich hat er die persönliche und wirtschaftliche Freiheit des Individuums zu gewährleisten. Steuerstaat ist Verfassungsstaat! Der Staat darf nicht nur nehmen, er hat auch Dienste zu leisten, die die Gesellschaft zusammenhalten. Das schließt die Pflicht der staatlichen Organe ein, mit den Steuern und Abgaben seiner Bürger schonend, d. h. sparsam, umzugehen und sich vor ihnen für den Umgang mit dem Steuergeld zu rechtfertigen.

Manch einer mag seine persönliche Steuerlast als zu hoch, vielleicht gar als ungerecht empfinden. Und natürlich fragt sich jeder, wenn auch meist bei unterschiedlichen Gelegenheiten: Wofür geben die denn mein Geld aus? Doch ein Recht auf Steuerwiderstand gibt es nicht. Der Staat darf die Verletzung oder Umgehung von Steuergesetzen nicht hinnehmen, wenn er als Rechtsstaat insgesamt glaubwürdig und handlungsfähig bleiben will.

Der demokratische Staat kann ohne das Grundvertrauen seiner Bürger auf Dauer nicht leben. Doch die Festlegung der staatlichen Handlungsfelder liegt allein und ausschließlich in der Entscheidungskompetenz der gewählten Verfassungsorgane. Zum Trost für den zähneknirschend zahlenden Steuer-Bürger: Auch er kann sich rächen. Zwar nicht beim Finanzamt, aber bei der nächsten Wahl.

**»Wenn ich einen Bettler sehe – verstärke ich seine Abhängigkeit nicht, wenn ich ihm etwas gebe? Ist es nicht besser, ich gebe ihm nichts, bevor er mein Geld in Alkohol anlegt?«**

*Peter Neher*

Wenn ich jemandem in der Innenstadt begegne, der bettelt, berührt mich das Schicksal des Menschen. Auf der anderen Seite bin ich verunsichert. Was hilft ihm wirklich? Richte ich, wenn ich ihm Geld gebe, vielleicht mehr Schaden als Nutzen an?

Wenn ich in Eile bin, dann gehe ich auch oft weiter. Bei mir selbst, aber auch bei anderen merke ich, dass sie manchmal die Straßenseite wechseln, weil sie nicht wissen, wie sie mit der Situation umgehen sollen. Ich reagiere ganz unterschiedlich. Mal gebe ich etwas, mal gehe ich einfach weiter. Doch die Fragen bleiben.

Fachleute warnen davor, Bettlern allzu großmütig Geld zu geben. Wer Bettler unterstütze, verstärke ihre Abhängigkeit und ihre Unfähigkeit, Struktur in ihr Leben zu bringen oder professionelle Hilfe in Anspruch zu nehmen. Oft werde das eingenommene Geld nicht in Nahrung, sondern in Alkohol umgesetzt. Schlimmstenfalls trage der Spender dazu bei, dass der Bettler in seiner Situation gefangen bleibe. Viele dieser Argumente sind für mich einsichtig. Doch sie sind für mich nicht befriedigend.

Mich haben immer die Erzählungen über die Begegnungen zwischen Jesus und Bettlern in der Bibel berührt. Dort wird deutlich, dass sich Jesus von der Not der Menschen anrühren ließ. Eindrucksvoll wird das im Markusevangelium (Mk 1,40–42) beschrieben. Hier bittet ein Aussätziger Jesus um Hilfe. Jesus ergreift ein starkes Mitgefühl, wörtlich übersetzt: „Es traf ihn in die Eingeweide." Mir zeigt das, dass auch meine Unsicherheit noch ein Zeichen dafür ist, dass ich mich von der Situation des Menschen treffen lasse. Auch Unsicherheit und die Fragen, die uns durch den Kopf gehen, zeigen, dass wir nicht abgestumpft sind.

Die Frage, wie man Menschen, die betteln, richtig begegnen kann, hat eine lange Tradition. So predigte der Kirchenlehrer Johannes Chrysostomus im 4. Jahrhundert über das Almosen. „Denn als ich über den Marktplatz und durch die engen Gassen ging, (…) sah ich mitten auf den Straßen viele zugrunde gehen. (…) Gleichwie nun dein Herr (…) nicht von seinen Wohltaten an allen Menschen ablässt, so sollst auch du handeln, und wenn der rechte Moment für Erbarmen und Menschenfreundlichkeit da ist, dann beseitige die Armut, stille den Hunger, vertreibe die Angst."[2] „Almosen geben" ist mehr als finanzielle Unterstützung. Es heißt für mich auch, Blickkontakt zu dem suchen, der etwas braucht – ihn in seiner unverwechselbaren Würde wahrzunehmen und zu achten. Konkret heißt das, dass ich lerne, dem bettelnden Menschen in die Augen zu schauen, ihm offen zu begegnen und nicht einfach wegzuschauen.

Passanten und Geschäftsleute in den Innenstädten fühlen sich oft durch den Anblick der Bettelnden belästigt. Zunehmend sind Aktionen zu beobachten, mit denen sie aus Fußgängerzonen, von Straßen, Plätzen und Bahnhöfen vertrieben werden sollen. Ein bloßes Ausgrenzen und Vertreiben unliebsamer Bevölkerungsgruppen führt aber nicht zur Problemlösung. „Integrieren statt ausgrenzen" heißt daher ein Positionspapier des Deutschen Caritasverbandes. Denn ein Abbau von Armut ist nur über arbeitsmarkt-, gesundheits- und sozialpolitische Strategien zu erreichen. Auch die Arbeit der Straßenzeitungen, die in Eigeninitiative von Wohnungslosen in allen größeren Städten entstanden sind, halte ich für wichtig. Ihr Verkauf ermöglicht Hilfe zur Selbsthilfe. Und sie sind oft wirklich spannend zu lesen. Eine andere Möglichkeit ist es, Initiativen und Organisationen zu unterstützen, die sich konkret für Menschen auf der Straße einsetzen – und gegen die Ursachen vorgehen. Letztendlich traue ich oftmals meinem Gefühl und gebe etwas. Dann ist es ehrlich und geschieht nicht aus reinem Pflichtgefühl.

---

[2] Johannes Chrysostomus, *Predigt über das Almosen*, in: Gerhard K. Schäfer (Hg.), *Die Menschenfreundlichkeit Gottes bezeugen. Diakonische Predigten von der Alten Kirche bis zum 20. Jahrhundert*, Heidelberg 1991, 88–104, hier 89f. und 103.

**Muss ich nach ethischen Gesichtspunkten prüfen, in welcher Form ich meine Altersversorgung sichere? Oder ist nicht die Rendite entscheidend, damit ich später nicht anderen zur Last falle?**

*Jürgen Fitschen*

„Sind Sie eigentlich Christ?" Nachdem ich diese Frage in einer Diskussionsrunde zum Thema „Auswirkungen der Globalisierung" positiv beantwortet hatte, folgten die nächsten Fragen, und sie waren ziemlich spitz: „Wie können Sie es dann mit Ihrem Gewissen vereinbaren, trotz guter Ertragslage Arbeitsplätze abzubauen?" Oder: „Kriegen denn Ihre Aktionäre nie den Hals voll in ihrer Gier nach höheren Renditen?" Der Beifall, den diese Fragen auslösten, zeugte von großer Sympathie für die Position des Fragestellers und die von ihm geäußerten Bedenken. Der Manager war in die Defensive geraten. Unchristlich, unsozial, verantwortungslos, unanständig – so oder ähnlich wird die konsequente Beachtung wirtschaftlicher Notwendigkeiten empfunden, wenn sie mit dem Zwang zum Abbau von Arbeitsplätzen verbunden ist.

Das Streben nach finanzieller Absicherung im Alter, damit verbunden das Bestreben, angemessene Renditen zu erzielen, um anderen später nicht zur Last zu fallen, wird dagegen sicherlich von der Mehrheit der Bürger verstanden und als ein moralisch anerkennenswerter Weg unterstützt. Braucht also, wer sich in diesem Sinne in einem anerkannten Regelwerk bewegt und seine Ersparnisse bei Banken, Kapitalanlagegesellschaften oder Versicherungen anlegt oder in börsennotierte Wertpapiere investiert und dabei eine hohe Rendite anstrebt, keine weiteren Gesichtspunkte zu prüfen?

Natürlich ist es jedem Einzelnen freigestellt, bei der Auswahl der von ihm geplanten Investitionen zusätzliche persönliche

Präferenzen zu berücksichtigen, die über Renditeaspekte hinausgehen. Wer gegen das Rauchen ist oder den Vertrieb alkoholischer Waren nicht mit seinem Gewissen vereinbaren kann, der wird Anteile an Unternehmen mit entsprechenden Aktivitäten nicht erwerben wollen. Wer dem erneuerbaren Energiebereich besonders positiv gegenübersteht, findet eine immer größere Auswahl von Anlagemöglichkeiten bei Unternehmen in eben diesen Sektoren. Schließlich kann man auch seinem börsennotierten Fußballverein die Treue erweisen, indem man sich in Zeiten der Not als Kapitalgeber zur Verfügung stellt. Allerdings gerät die Verfolgung solcher persönlicher Präferenzen schnell in einen Konflikt zu Renditeüberlegungen, weil man unter Umständen mit einer anderen Anlagestrategie bessere (finanzielle) Ergebnisse erzielen kann. Das momentane Gefühl, moralisch gut, weil nicht nur renditeorientiert, gehandelt zu haben, könnte später der bitteren Erkenntnis weichen, doch anderen zur Last fallen zu müssen, eben weil möglicherweise die Rendite fehlt.

Angeboten werden auch Investmentfonds, die auf nachhaltige und ethische Kapitalanlagen ausgerichtet sind. Für den Anleger beruhigend ist, dass sie ähnliche Renditen erzielen wie herkömmliche Fonds. Jeder Anleger muss allerdings selber überprüfen, ob seine Vorstellungen von ethischem Verhalten mit denen des Fonds-Managements übereinstimmen. Nicht nur einzelne Anleger, auch international tätige Konzerne wie die Deutsche Bank achten – entgegen manchem Vorurteil – auf Nachhaltigkeit bei ihren Handlungen. Nachhaltigkeit bedeutet für uns Zukunftsfähigkeit – mit dem Ziel, kommenden Generationen eine gesunde Umwelt sowie stabile wirtschaftliche und soziale Verhältnisse zu übergeben. Bei Kreditvergabe, Kapitalanlage sowie Beratungsleistungen, aber auch bei geschäftspolitischen und operativen Entscheidungen berücksichtigen wir über die gesetzlichen Bestimmungen hinaus soziale, ethische und ökologische Aspekte. Kritische Aktionäre halten im Auge, ob die Bank einlöst, was sie verspricht.

Was den eingangs angeführten Arbeitsplatzabbau angeht, so ist man übrigens auch hier gut beraten, nicht wider die Einsicht in die ökonomische Logik zu urteilen. „Eine Moral, die die Wirtschaftsgesetze überspringen zu können meint, ist nicht Moral, sondern Moralismus, also das Gegenteil von Moral." Das Zitat stammt von Joseph Kardinal Ratzinger, bevor er zum Papst gewählt wurde.

## »Ist es in Ordnung, für 1,99 Euro in Urlaub zu fliegen?«

*Claus Kleber*

Auf diese Frage habe ich einmal eine Antwort gehört, sehr laut und sehr deutlich – im prunkvollen Saal des „National Press Club" in Washington. Auf der Bühne saß der Chef einer amerikanischen Fluggesellschaft, bekannt als einer der brutalen „Shareholder-Value"-Steigerer, zu seinen Füßen die Hauptstadt-Korrespondenten – allesamt Vielflieger und als solche keine objektiv-leidenschaftslosen Frager, sondern Partei, die meisten zudem alt genug, um sich noch an die Zeiten großzügiger Spesensätze zu erinnern, als Flugreisen Phasen gepflegter Entspannung waren. Das hatte sich gründlich geändert.

Längst wachten die Pfennigfüchse in allen Medienkonzernen darüber, dass die verwöhnte Journaille billig von A nach B kam. Die Airlines hatten sich darauf eingestellt. Teure Direkt-Verbindungen waren gestrichen worden, ein System aus Luft-Drehkreuzen erhöhte die Profite, zwang aber zu umständlichen Zickzack-Flügen, immer mehr Menschen wurden in die Maschinen gezwängt, ständig fielen Flüge aus, die nicht voll geworden wären. Die Kollegen packten ihre ganze in engen Sitzen aufgestaute Wut in ihre Fragen an den Herrn der Billigflüge. Dem

Mann auf dem Podium schwoll sichtlich der Kragen. Schließlich verlor er die Beherrschung. „Ihr seid schuld!", brüllte er in den Saal. „Ich wäre auch lieber der Chef einer feinen Airline. Aber wenn ich das mache, dann kommt ihr nicht mehr. Wir würden gerne in den fünf Stunden von Washington nach Los Angeles ein anständiges Essen anbieten, aber dann müssten wir fünf Dollar verlangen. Wir haben's doch probiert. Es funktioniert nicht. Dann werden die Billigeren gebucht. Deshalb kriegt ihr diesen Fraß! Ihr seid die Kunden. Ihr wollt eine Scheiß-Airline. Darum kriegt ihr von mir eine Scheiß-Airline!"

Danach war Ruhe im Saal. Der Mann hatte Recht. Wir sind nämlich wirklich selbst schuld. Wir leben in einer freien Marktwirtschaft. Wir bekommen, was wir bereit sind zu bezahlen. Das bedeutet aber auch, dass wir mit unserer Nachfrage bestimmen, was produziert wird. Und das bedeutet Verantwortung für die Qualität der Produkte, die Qualität der Welt, in der wir leben, den Wert von guter Arbeit, ja für den weiteren Bestand ehrwürdiger Traditionen. Aber wer denkt schon an so was, wenn er die Milch aus dem Regal nimmt? Oder wenn er einen Flug bucht? Die Kollegen im National Press Club wussten bei privaten Reisen durchaus, wie noch ein paar Dollar zu sparen waren.

Die Frage, ob es in Ordnung ist, für den billigsten Preis zu fliegen, hat es in sich. Es ist schwer darüber zu sprechen, ohne sich dem Vorwurf auszusetzen, dass man vergessen habe, wie schwer es ist, mit einem deutschen Durchschnitts-Einkommen (oder noch weniger) eine Familie durchzubringen – oder mal in Urlaub zu fliegen. Und genau da liegt der Hase im Pfeffer. Wir haben Marktwirtschaft gründlich gelernt. Bei allem, was wir tun, wissen wir sehr genau, ob wir Anbieter oder Nachfrager sind. Einmal drücken wir den Preis bis zur Schmerzgrenze nach unten (als Besteller auf Personal-losen Internet-Seiten z. B.) und dann – als Anbieter unserer Waren oder Arbeitsleistung – nutzen wir die Spielräume nach oben. Bei beidem sind wir immer raffinierter geworden. So ist eine Wirtschaft entstanden, in der wir als Nachfrager nicht mehr bereit sind, das zu bezahlen, was wir als Anbieter brauchen, um anständig zu leben. Wir sind in unserem verflochtenen Wirtschaftsleben nämlich beides – in einem Moment Anbieter, im nächsten Nachfrager – und wechseln atemberaubend schnell die Positionen.

Auf der Strecke bleiben Bauern, die frische Kuhmilch nicht zu dem Preis in die Molkerei bringen können, zu denen Aldi sie fertig verpackt ins Regal stellt, Handwerker, die ihr Gewerbe gelernt haben, Bäcker, die noch backen, statt Fabrik-Rohlinge in den Ofen zu schieben, Wirte, die noch ehrlich kochen. Wir stehen immer auf beiden Seiten. Das macht komischerweise die Antwort einfacher: Wenn wir auch morgen noch in einer Welt leben wollen, in der der Wert menschlicher Arbeit geschätzt wird, in der Brote schmecken, Fleisch nicht vergammelt, Hotels keine gesichtslosen Massen-Absteigen sind, dann müssen wir lernen, unseren Verhältnissen entsprechend zu leben, uns, wie meine Oma immer sagte, „nach der Decke strecken". Wenn unsere Zehen unten aus der Decke rausragen, weil wir uns nur noch nach Billig-Produkten strecken, dürfen wir uns nicht wundern, wenn's kalt wird. Vielleicht brauchen wir ja von manchem etwas weniger, das dafür aber in guter Qualität. Und das ist keine Frage, die nur unser eigenes Leben betrifft. Wenn wir immer nur auf Preise achten, bleibt für alle der Wert auf der Strecke.

Bei Flügen mache ich allerdings eine Ausnahme. Die Gesellschaften wissen schon, wie sie kalkulieren. Und außerdem ist es sowieso zu spät. Jedenfalls die „Economy", in der heutzutage auch die meisten Business-Reisen stattfinden, kommt nie wieder aus der Wertlosigkeit heraus, in die wir uns runtergewirtschaftet haben. Wenn schon schlecht, dann wenigstens billig. Ein Euro neunundneunzig? Das ist es wert!

**»Kann man ein Produkt kaufen, dessen Preis vermuten lässt, dass Kinderarbeit drinsteckt? Auch wenn ich nicht sicher bin? Und ich vor allem knapp bei Kasse bin?«**

*Karl Kardinal Lehmann*

Die Frage beinhaltet gleich mehrere Klippen: Kann man ein Produkt kaufen ...? – Es ist freilich nicht verboten, eine Ware aus dem Sortiment eines Warenhauses zum angebotenen Preis zu kaufen. Die ethische Dimension übersteigt aber das technisch und juristisch „Machbare". Inwieweit lässt der Preis alleine schon auf Kinderarbeit schließen? Welche Hinweise gibt es sonst auf die Rahmenbedingungen der Produktion? Welchen „Wert" hat eine Ware, auch jenseits des Verkaufspreises? Auf welche Art und Weise werden Gewinne erzielt? Was sind „faire Preise"? Welche Faktoren spielen im Rahmen der Globalisierung eine Rolle? Und was meint „knapp bei Kasse sein"? – Ist dies nicht letztlich subjektiv empfunden? Welche Kriterien gibt es dafür? Es stellen sich also zunächst noch mehr Fragen, wenn man an die Beantwortung der Ausgangsfrage geht. Insofern ist wohl eine grundsätzlichere Überlegung angebracht, was in Zeiten der Globalisierung mit ethischer Verantwortung gemeint ist. Dies kann freilich in der gebotenen Kürze nur bruchstückhaft geschehen.

Ein wichtiges Problem besteht zunächst darin, wie die kontinental-europäische Sozialkultur etwa in ihren Sozialversicherungssystemen, im Miteinander der Sozialpartner und in vielen Einrichtungen Modelle und Ressourcen bietet, die man nicht einfach der globalen Entwicklung opfern darf. Wo die Globalisierung manchen Ländern der Dritten Welt zu einer ökonomischen Besserstellung verhilft, kann sie auch von kirchlicher Seite aus nur begrüßt werden. Aber man muss zugleich kritisch beobachten, welche – oft vielleicht unbeabsichtigten – Nebenfolgen die Globalisierung erzeugt.

So ist auch zu fragen, ob im Zusammenhang der Globalisierung nicht eine neue Ungleichheit unter den Menschen wächst und befördert wird, die mit der Personwürde kollidiert: Dort die Produzenten oft unter primitivsten Arbeitsbedingungen, hier die Konsumenten, die sich am niedrigen Preis erfreuen. Man muss auch fragen, ob die Art und Weise, wie heute z.T. Arbeitsplätze je nach Konjunkturlage und Strategiephase der Unternehmen beseitigt werden, einem humanen Menschenbild und besonders auch dem Sinn der Arbeit für die Menschen entspricht. Die hohe Mobilität, die den Menschen oft abverlangt wird, kann schwere Verluste bedeuten für die Familie, für so etwas wie „Heimat" und auch den Zusammenhalt einer Gesellschaft. An dieser Stelle muss die Kirche im Interesse des Menschen harte Fragen stellen, die der Antwort bedürfen.

Mit den Gesetzen des Marktes hat man zwar große Erfolge erzielt, hat darüber manchmal aber die Grenzen dieser Erfolge vergessen. Heute wird immer deutlicher, dass die Entwicklung der Weltwirtschaft auch mit der Förderung der weltweiten Familie der Menschen zu tun hat und dass für die Entwicklung einer Weltgemeinschaft die Entfaltung und Pflege der seelischen Kräfte des Menschen von wesentlicher Bedeutung ist. Auch die psychischen, kulturellen und ethischen Kräfte sind ein Wirtschaftsfaktor. Marktregeln funktionieren auf die Dauer nur dann, wenn sie von einem moralischen Grundkonsens getragen werden. So verstanden ist die Wirtschaft auch ein Teilbereich der Kultur.

Viele Prozesse laufen in ihrer Zwangsläufigkeit ohne eindeutig erkennbares und die Verantwortung tragendes Subjekt ab. Im Produktionsprozess sind die jeweils Handelnden letztlich anonym. Niemand hat mehr eine individuelle Steuerungsmöglichkeit für das Ganze, auch wenn jeder seinen Teil zum „Funktionieren" eines Systems beiträgt: Die Produzenten, die Händler, das Marketing, die Verkäufer, die Konsumenten: alle stehen in einer langen Reihe. Diese Strukturen verstärken die relative Unkontrollierbarkeit und vermindern so auch die sittliche Verantwortungsfähigkeit. Oft wird die Verantwortung einfach an den Nächsten in der Reihe abgeschoben. Die Leidtragenden sind bei der Kinderarbeit die Schwächsten, die Kinder, die oft unter menschenunwürdigen Arbeitsbedingungen als billige Arbeitskräfte missbraucht werden. Natürlich muss man die komplexen Hintergründe sehen und kann nicht alles gleichsam über einen Kamm scheren. Deshalb ist es sinnvoll, bei Verdacht auf unmenschliche Produktionsbedingungen auch auf die bereits vorhandenen Netzwerke zurückzugreifen. Kirchliche Stellen, wie etwa das Bischöfliche Hilfswerk MISEREOR, das Kindermissionswerk „Die Sternsinger“ oder der Bund der Deutschen Katholischen Jugend (BDKJ), sind von katholischer Seite an größeren Netzwerken beteiligt, die – z. B. über die Aktion „Fairtrade“ und über „Transfair e. V.“ – vor Ort auf menschengerechte Arbeitsbedingungen achten und den Missbrauch anklagen. Diese Netzwerke vergeben auch „Qualitätssiegel“ für faire Arbeitsbedingungen. Hier wird konkret, was die Ethik theoretisch und allgemein grundlegt.

Es geht ethischem Handeln nämlich nicht nur rückblickend um das, was bereits begangen wurde, sondern auch um eine in die Zukunft gerichtete Sorge. Diese Verantwortung zeigt sich am rechten Umgang mit den Optionen, letztlich mit der Macht. Natürlich darf man deshalb die traditionelle Handlungsverantwortung nicht beiseite schieben oder ignorieren. Die Annahme einer so verstandenen Verantwortung ist bereits eine wesentliche Voraussetzung sittlichen Verhaltens. Diese Sorge für die geschichtliche Zukunft von Welt und Mensch nach dem „Prinzip Verantwortung“ (H. Jonas) zeigt sich z. B. auch im Maßhalten und Verzicht. Wir verfolgen oft selbstzentriert unsere Ziele, ohne nach den voraussehbaren Folgen zu fragen. Es erhebt sich die Frage, ob nicht Zurückhaltung ein Gebot der Stunde sein kann. Nicht alles, was machbar und nicht ausdrücklich gesetzlich verboten ist, ist damit automatisch auch sittlich und ethisch erlaubt. Es bleibt die Gewissensfrage für den Einzelnen. Das rechte Maß im Erwerb und Gebrauch der Macht entscheidet letztlich mit über die Zukunft und die Freiheit in einer Welt von morgen. Vor diesem Hintergrund entscheidet der Käufer. Er hat es in der Hand.

» **Wenn ich die Wahl habe, bei einer Großkette billiger einzukaufen als beim Laden um die Ecke, was ich mir auch leisten könnte – bin ich dazu verpflichtet, den Einzelhandel zu unterstützen?** «

*Philipp Mißfelder*

Seit Jahrzehnten wird hierzulande das Schwinden der „Tante-Emma-Läden“ beklagt. Sicherlich nicht zu Unrecht. Denn solche Geschäfte, die früher als Dorfladen die lokale Versorgungsstelle mit alltäglichen Waren darstellten bzw. in der Großstadt in fast jedem Straßenzug zu finden waren, bildeten häufig genug einen Dreh- und Angelpunkt des sozialen Miteinanders. Hier wurde nicht nur eingekauft, hier konnten sich die Menschen begegnen, ins Gespräch kommen und kleinere oder größere Neuigkeiten austauschen. Man kannte den Ladenbesitzer und seine Nachbarn und konnte Anteil an ihren Freuden und Sorgen, an ihrem Leben nehmen.

Ob es vor Jahrzehnten wirklich so oder so ähnlich zuging, kann ich als 27-Jähriger kaum eigenständig beurteilen, denn selbst erlebt habe ich es nur noch selten. Ältere Verwandte und Bekannte erzählen davon, man sieht es auch in Fernsehdokumentationen. Mir ist vor allem noch die TV-Werbung für Schokoladenbonbons aus den späten 80er Jahren lebendig vor Augen, in der ein kleiner Junge im Laden um die Ecke stets eine Tüte dieser Süßigkeiten kauft und den ersten Bonbon noch an der Theke isst. Dieses Ritual wird er auch noch als Erwachsener beibehalten – natürlich im selben Geschäft und bei derselben Verkäuferin. Zumindest der Reklamespot vermittelt Kontinuität sowie Treue zum Produkt und zu dessen Verkäufer.

Das ist heute alles anders, schnelllebiger und letztlich anonymer geworden. Die Zahl solcher „Tante-Emma-Läden" hat vor allem im Lebensmitteleinzelhandel rapide abgenommen, weil große Filialketten nun den Ton angeben. Viele Händler haben sich in spezielle Nischen zurückgezogen, weil sie teilweise im Wettbewerb mit den Dumpingpreisen der übermächtigen Konkurrenz nicht mehr mithalten können. Einkaufen ist – jedenfalls für viele – mittlerweile eine rein funktionale Tätigkeit, die schnell und unkompliziert erledigt werden soll. Persönliche Beziehungen zum Ladenbesitzer gibt es kaum noch, es wird meist nach Gelegenheit eingekauft: Wo sind die Waren preiswert oder gerade im Angebot? Welche Einkaufsmöglichkeit liegt bequem auf meinem Heimweg? Stammkundschaft kann auf diese Weise nur äußerst schwer entstehen, der Verbraucher ist ein wankelmütiges und sprunghaftes Wesen geworden. Diese Entwicklung mag man bedauern, aber sie ist eine Tatsache und leider auch ein Spiegelbild unserer Gesellschaft.

Zwar gibt es glücklicherweise trotzdem Fachgeschäfte, die sich der anscheinend unaufhaltsamen Entwicklung entgegenstemmen und die ich wegen ihres zuvorkommenden Service, ihrer kompetenten Beratung oder ihres breiten Sortiments besonders schätze. Aber natürlich ertappe ich mich selbst dabei, dass ich häufig aus Zeitnot irgendwo einkaufe und nicht abwarte, bis ich wieder an meinem persönlichen Lieblingsgeschäft vorbeikomme.

Ob es nun eine Verpflichtung gibt, den Laden um die Ecke zu unterstützen? Im Grunde schon – zumindest für denjenigen, der verhindern will, dass künftig nur noch Filialketten existieren. Und wem es wichtig ist, dass deutsche Firmen gut dastehen, sollte verstärkt auf einheimische Erzeugnisse zurückgreifen. Sonst regelt dies der freie Markt. Doch obwohl sich möglicherweise manche Strukturen im Einzelhandel schlichtweg überlebt haben, will ich nicht völlig schwarzsehen. Schließlich wird es immer Geschäfte geben, die trotz höherer Preise ihre Kundschaft finden, weil die Qualität der angebotenen Produkte besser ist als anderswo. Oder weil beispielsweise die Metzgerei oder die Bäckerei im Familienbesitz Spezialitäten mit unverwechselbarem Geschmack verkauft, die es im Supermarkt mit der Massenware nicht gibt.

Es bleibt also letztlich jedem selbst überlassen, wie und wo er einkauft. Aber die Entscheidung darüber sollte uns in Zukunft wieder mehr wert sein.

**» Es heißt, dass 95 % der Menschen bestechlich sind und dass es bei den anderen nur auf den Preis ankommt. Ist fast alles durch Geld zu erreichen? Oder hat eine Ethik des Verzichts heutzutage noch eine reelle Chance in unserer Gesellschaft? «**

*Klaus Dieter Trayser*

Es mag ja sein, dass die Auffassung „Geld regiert die Welt" manchem nützlich erscheint. Hilfreich ist sie jedenfalls nicht. Wer Menschen mit der Überzeugung begegnet, sie seien alle durch Geld beeinflussbar, verengt seinen Horizont – oftmals zu seinem eigenen Schaden. Ich habe als Vorstandsmitglied in einem Konzern Folgendes erlebt: Einer meiner Außendienstmitarbeiter beklagte sich über Versäumnisse innerhalb der Vertragsverwaltung. In einem gemeinsamen Gespräch mit dem Vorstandskollegen, der für die Unzulänglichkeiten zuständig war, erläuterte mein Mitarbeiter, dass Kundenanfragen nicht beantwortet wurden. Er belegte das mit einer Vielzahl konkreter Fälle.

Mit dem Hinweis, es könne sich dabei nur um bedauerliche Einzelfälle handeln, wiegelte mein Kollege den Vorgang ab. Am Schluss des Gesprächs bedankte er sich bei dem Mitarbeiter für die viele Mühe und veranlasste die Ausstellung eines Schecks als Äquivalent. Von mir verabschiedete er sich mit dem Hinweis: Da sieht man mal wieder, wie leicht man mit etwas Geld sich Schwierigkeiten vom Hals halten kann. Mein Mitarbeiter war enttäuscht und aufgebracht zugleich. Er fühlte sich nicht ernst genommen. Die Zahlung empfand er als Erniedrigung. Doch am meisten schmerzte ihn, dass er mit seinem Anliegen gescheitert war. Kurze Zeit später stellte sich heraus, dass tatsächlich ein Sachbearbeiter nur vorgetäuscht hatte, das von ihm geforderte Arbeitspensum erledigt zu haben. Mehrere tausend Kundenbriefe hatte er unbearbeitet in seinem Kleiderspind versteckt. Fazit: Die Überzeugung, alle Unannehmlichkeiten ließen sich mit Geld aus der Welt schaffen, hatte sich als trügerisch erwiesen.

Nicht viel anders verhält es sich beim ausschließlichen Streben nach Gewinnmaximierung. Was zunächst mehr Profit verspricht, erfordert nicht selten – meist zeitversetzt – einen unangemessenen hohen Preis: durch Angst und mangelndes Engagement der Mitarbeiter, durch schwindende Motivation, durch Verlust von Vertrauen, von Loyalität, von Ansehen und Sympathie beim Verbraucher. Nichts gegen effektives und effizientes Arbeiten, es hilft unnötige Kosten zu sparen. Doch wenn sich die Beschäftigten nicht mit dem Unternehmen identifizieren können, wird das Unternehmen nicht erfolgreich sein und auch mit seinen monetären Zielen scheitern. Ein Unternehmen braucht Gewinne nicht aus dem ausschließlichen Ziel heraus, sie zu maximieren, sondern um in Zukunftstechnologien, in die Aus- und Weiterbildung der Mitarbeiter oder in neue Geschäftsfelder investieren zu können.

Das Geheimnis des Erfolgs kann auch in einer Ethik des Verzichts liegen. Zum Beispiel, wenn die Gesellschafter eines Unternehmens vereinbaren, künftig einen bestimmten Teil aller Einnahmen zugunsten sozialer und karitativer Projekte aufzuwenden. Ich weiß auch von einem Unternehmen, dessen Gründungsgesellschafter entschieden haben, alle weiteren Gesellschafter nicht zu einem Kurswert, sondern ebenfalls zum Nennwert beitreten zu lassen und sich beim späteren Ausscheiden wiederum mit dem Nennwert ihrer Einlage zufriedenzugeben. Die stillen Reserven, also der Firmenwert, sind testamentarisch einer gemeinnützigen Stiftung zugesagt.

Wer sich für eine Ethik des Verzichts entscheidet, verzichtet auf mehr als auf Besitz und Teile des Gewinns. Unternehmen, die nach hoher Kundenzufriedenheit streben, verzichten auf schlechte Geschäfte, die zum Beispiel durch Verschweigen relevanter Tatbestände oder durch Missbrauch von Vertrauen zustande kommen. Manche verzichten auf Statussymbole, auf bewusste Manipulation oder auf „Herrschaftswissen". Ein Beispiel, das mir dabei einfällt: Eine Kommanditgesellschaft, die allen langjährigen Mitarbeitern die Beteiligung als Kommanditisten ermöglicht, lädt alle Kollegen, die in den nächsten zwölf Monaten die entsprechenden Voraussetzungen erfüllen werden, bereits als Gäste zu den Gesellschafterversammlungen ein. Das schafft Transparenz und Vertrauen.

Wer als Unternehmen langfristig Erfolg haben will, darf seine Mitarbeiter nicht allein als Produktionsfaktor ansehen. Er muss sich bewusst sein, dass die Menschen im Unternehmen als das behandelt werden wollen, was sie sind: einzigartige Individuen, mit ganz besonderen Stärken, die man entdecken und für das Unternehmen fruchtbar machen muss. Sie sind unverwechselbare, vielseitig begabte Geschöpfe Gottes. Sie sind gern bereit gute Leistungen zu erbringen, vorausgesetzt, man behandelt sie entsprechend. Deshalb gilt: Das Leben ist zu kurz, um aus den Schwächen eines Mitarbeiters Stärken zu machen. Lasst uns ihre Stärken nutzen!

**Die Werbeindustrie hat sich eine neue Kategorie ausgedacht – den „Konsumtrottel". Er lässt sich neue Produkte aufschwatzen, die er nicht braucht und für die er das Geld nicht hat. Darf diese Leichtgläubigkeit ausgenutzt werden?**

*Thomas Heilmann*

Schon dem Kern der Frage muss widersprochen werden: Konsumenten sind nur gelegentlich Trottel. Die Frage ist eher, ob Konsumenten bevormundet oder befähigt werden sollten. Wie wirkt also Werbung auf Konsumenten? Dazu eine fachliche Vorbemerkung: Werbung lohnt sich grundsätzlich nur, wenn sie auf nachhaltigen Zuspruch ausgelegt ist. Sie sorgt erst für Bekanntheit, erzeugt dann – hoffentlich – Sympathie, und erst wenn das erreicht ist, kann sie sogenannte Kaufbereitschaft erzielen. Auch kurzfristige Absatzförderung, wie Sonderangebotswerbung zum Beispiel, zielt auf Kaufbereitschaft, braucht aber Bekanntheit und Sympathie, die zuvor erarbeitet sein müssen.

Mit anderen Worten: Werbung zahlt sich nur aus, wenn sie Marken schafft und diese dann verkauft. Das alles geht nicht ohne Aufbau von Vertrauen und dessen Erhaltung. „Konsumtrottel" auszunutzen schafft aber kein Vertrauen, sondern das Gegenteil: Misstrauen. Zudem geschieht Werbung öffentlich und unübersehbar. Sie findet auf dem Wochenmarkt, im Internet, im Fernsehen oder auf Plakaten statt und immer gilt: Die Grundlagen des Geschäfts sind Transparenz, Treu und Glauben. Egal, ob der Gemüsebauer eine Gurke verkauft oder der Autobauer ein neues Auto – Vertrauen ist wichtig für einen nachhaltigen Geschäftserfolg. Es geht immer darum, die Vorzüge der Ware klar und deutlich herauszustellen. Bevor ein Konsument jedoch Vertrauen entwickeln kann, muss er zunächst einmal vom Produkt erfahren.

Das gegebene Werbeversprechen darf weder vom Produkt noch von der Werbung gebrochen werden. Auch gute Werbung macht aus schlechten Produkten keine Verkaufsschlager. Vielmehr weckt sie eine zu hohe Erwartung und enttäuscht dadurch den Konsumenten umso mehr. So gesehen kann Werbung ohne Ehrlichkeit nicht funktionieren. Menschen sind ungenau. Und das kann Werbung auch sein. Wer kennt nicht die Reklamen nahezu aller Telekommunikationsanbieter, die von klaren Preisen und einfachster technischer Einrichtung sprechen. Spätestens wenn sich zu Hause die Kisten mit Routern, Kabeln und Empfangsboxen stapeln und man einen halben Tag fluchend unterm Schreibtisch verbracht hat, stößt einem die Diskrepanz zwischen Werbung und Realität sauer auf. Aber auch in solchen Fällen gibt es Hoffnung: Wenn das Produkt wirklich daneben ist, spricht sich das schnell rum. Umso bekannter ein Unternehmen ist, umso mehr wirken sich die Fehler aus. Erinnern wir uns an die Brent Spar. Shell ist für seine parallele Wohlfühl-Werbung von den Konsumenten hart bestraft worden. Ich glaube, Shell wollte die Konsumenten gar nicht absichtlich hinters Licht führen. Aber die haben gespürt, dass Wirklichkeit und Werbung auseinanderlaufen, sich getäuscht gefühlt und den Ölkonzern an den Tanksäulen abgestraft. Angesichts der vermeintlichen Ölkatastrophe war die Schmeichel-Werbung ins Leere gelaufen.

Andere Gesetzmäßigkeiten gelten im Vertrieb. Gute Verkäufer haben langfristige Interessen und wollen, dass der Kunde zufrieden wiederkommt. Unmoralische Verkäufer nutzen die Unsicherheit und Unwissenheit der Kunden und hinterlassen verbrannte Erde. Der Unterschied zur Werbung ist, dass diese Geschäfte möglichst heimlich stattfinden. Daher können überteuerte Kredite, unbrauchbare Versicherungen oder unsinnige Abonnements an den Mann gebracht werden werden. Zum Glück für den Konsumtrottel gibt es Verbraucherschützer, Journalisten und das Internet. Hier wird wieder Transparenz hergestellt. Als Fazit sage ich: Werbung schafft Wettbewerb. Und der nutzt den Konsumenten.

**» Häufig lassen Schriftsteller, Regisseure oder Produzenten in einem Roman oder Film Personen auftreten, deren Handlungen und Lebensstil sie für sich persönlich nie akzeptieren könnten. Worum geht es dabei? Nur ums „Verkaufen"? «**

*Regina Ziegler*

Dieser Konflikt ist relativ häufig, wenn man mit werthaltigen Produkten arbeitet, die eigentlich für andere gedacht sind. Nehmen wir mal als besonders eindrückliches Beispiel das sehr heikle Problem der Folter bei Ermittlungen. Wenn jemand zu diesem Thema von mir eine Geschichte, einen Fernsehfilm haben möchte, könnte ich sagen: Nicht mit mir, weil so ein Stoff für mich nicht akzeptabel ist. Ich bin eine Gegnerin jeder Art von Folter, und sei es auch, um ein Leben womöglich noch zu retten. Das ist für mich eine absolute Grenze. Auch die Folterung eines Verbrechers würde für mich die Menschenwürde verletzen.

Und doch könnte ich mir vorstellen, so ein Stück zu produzieren. Ich würde es zum Beispiel deshalb tun, weil angesichts der Verbote und Tabus, auf die wir bei diesem Thema in der Gesellschaft stoßen, mit so einem Film mit entsprechender Öffentlichkeitswirkung am ehesten erkennbar wird, worum es wirklich geht. Zwischen meiner persönlichen Ethik und meiner Handwerksethik gibt es nun einmal Unterschiede. Es kommt also, wenn ich mich auf so etwas einlasse, sehr viel darauf an, wie ich es mache.

Wie könnte so ein Film aussehen? Ich könnte – erste Möglichkeit – die Geschichte so produzieren, dass ich kein Argument zulasse, das einen, der beim Ermitteln foltert, auch nur irgendwie rechtfertigen würde. Also die Guten und die Bösen sehr gut erkennbar machen. Oder ich könnte – zweite Möglichkeit – die Geschichte so erzählen (lassen), dass ein Polizist, der Folter androht, als ein Mensch gezeigt wird, der sich in einem fürchterlichen Zwiespalt befindet. Und natürlich gäbe es noch eine dritte Möglichkeit: Ich könnte den, der foltert, zum Helden der Geschichte machen.

Diese dritte Variante wäre angesichts der Diskussion in Deutschland vermutlich die, die am meisten Aufregung verursachen würde. Sie würde am meisten von der „korrekten" Bewertung abweichen. Die Blätter wären voll von dieser Provokation. Unsere Firma wäre in aller Munde.

Wie könnte ich eine dieser drei Varianten vor mir selbst und angesichts meiner grundsätzlichen Haltung rechtfertigen? Ich könnte es mir einfach machen und sagen: Ich produziere ja nicht für mich, sondern für andere. Außerdem kann ich mir nicht nur Geschichten und Charaktere aussuchen, die so gestrickt sind wie ich. Das kann sich unsere Firma gar nicht leisten. Wir müssen ja schließlich von etwas leben. Ich könnte die Entscheidung, vor der ich stehe, dadurch entschärfen, dass ich ein anderes Problem, etwa die Existenz unserer Mitarbeiter, unseres Unternehmens, mit der Frage auswiege, ob meine persönliche Position allein zählt und wichtig genug ist, alles andere aufs Spiel zu setzen: meinen Ruf, die Mitarbeiter ...

Tatsächlich liegen die Dinge aber komplizierter. Es ist nämlich so, dass ich – nicht nur in diesem Fall – Respekt für meine Position erwarte. Das bedeutet aber umgekehrt – ganz im Sinne von Kants kategorischem Imperativ –, dass ich auch Respekt vor anderen Positionen haben muss, wenn sie nicht erkennbar nur deshalb eingenommen werden, weil sich jemand damit wichtig machen möchte oder einfach einen freien Platz besetzt. Oder weil er den Skandal haben will. Ich komme also in eine Abwägung, in der es sehr schwierig ist, zu entscheiden, ohne zugleich und von vorneherein eine von zwei oder drei Positionen zu diskreditieren, ihnen also den Respekt zu versagen, auf den sie Anspruch haben.

Solche Situationen haben meist das typische Merkmal, dass man es eigentlich nur falsch machen kann. Bleibt also ein Rest, den man am Ende nicht verrechnen kann. Den muss ich auf meine Kappe nehmen. Für den trage ich die Verantwortung. Und darauf läuft für mich die Sache eigentlich immer hinaus: In allem, was ich tue, riskiere ich die Wirkung mit, die ich nicht mehr in der Hand habe, für die ich aber die Verantwortung tragen muss. Es ist eine Verantwortung auf zwei Ebenen: Eine Verantwortung für die Geschichte und ihre öffentliche Wirkung, aber auch eine Verantwortung für die Menschen, mit denen ich zusammenarbeite. Manche halten Verantwortung für etwas Altmodisches, was sich irgendwie überlebt hat. Für mich gehört eine solche Haltung zu den Voraussetzungen für das Geschäft des Entscheidens.

Und, um nicht auszuweichen, noch dies: Ich würde mich, wenn ich es ganz allein entscheiden könnte – was ja auch nicht immer der Fall ist, weil es zum Beispiel einen Redakteur gibt, der es anders will, oder einen Regisseur, der sagt: So nicht mit meinem Namen!, vielleicht auch mal einen Schauspieler, der sagt: Das spiel' ich nicht! – also: Ich würde mich für die erste Variante entscheiden und dafür sorgen, dass die andern Positionen, die meinen Respekt verdienen, die ich aber ablehne, gleichwohl angemessen vorkommen.

# Kapitel 6

## Der Preis der Arbeit
## Job oder Beruf, Kollegen oder Freunde?

## Was ist für ein Team wichtiger – eine herausragende Einzelleistung oder Mannschaftsgeist?

*Peter Struck*

Natürlich könnte ich es mir leicht machen, auf Berti Vogts zurückzugreifen und, wie er es Mitte der 90er Jahre getan hat, einfach behaupten: Der Star ist die Mannschaft. Nichts ist fairer als die Vision vom ausgeglichenen Team, in dem Stärken und Schwächen gleichmäßig verteilt sind. Nichts ist aber auch langweiliger. Die Spannung einer Mannschaft lebt vom Einstehen der Leistungsträger für die Schwächeren – wunderschön und unerreichbar beschrieben in Sammy Drechsels Fußballschnulze *Elf Freunde müsst ihr sein*. Da stehen elf unterschiedlich talentierte Berliner Jungs unverbrüchlich füreinander ein und erkämpfen sich gegen eine schier unüberwindlich scheinende Konkurrenz den erträumten Titel des Stadtmeisters. So schön wie in Drechsels Erzählung geht es aber natürlich weder im Fußball noch im richtigen Leben zu.

Den schönen Schein von den elf Freunden einmal beiseitegelegt, bleibt, dass sich in einem guten Team herausragende Einzelleistungen und Mannschaftsgeist ergänzen und nicht im Wege stehen. Ein Team kann Stars hervorbringen. Und umgekehrt, Stars können ein Team formen. Klar ist nur eines: Mannschaft, Frauschaft funktioniert nicht nach der Rasenmäher-Theorie, alle immer auf gleicher Höhe zu halten. Ein Team muss und kann man formen. Dafür zwei Beispiele für kreativen Mannschaftsgeist, die mich tief beeindruckt haben, weil sie spielerisch äußerst politische Projekte vorantreiben.

Simon Rattle, Chef der Berliner Philharmonie, holt seit Jahren in einem bewundernswerten Sozialprojekt Jugendliche aus Berliner Brennpunkten zusammen, um mit ihnen Tanzstücke einzustudieren. Da wird Kindern mit eingeschränkter Leistungsbereitschaft durch Musik und Tanz so viel Selbstbewusstsein vermittelt, dass sie bereit sind, sich in harter Arbeit zu einem Team zu formen, das inzwischen durchaus Starcharakter hat. In der Filmdokumentation *Rhythm is it* ist die Erfolgsstory dieses Experiments eindrucksvoll beschrieben – so eindrucksvoll, dass der Film Pflichtprogramm für Lehrer, Schüler, Eltern und eigentlich alle im ganzen Land sein sollte, weil er eine Art Parabel ist, die zeigt, dass durch Anerkennung und Fordern dem Einzelnen Selbstbewusstsein vermittelt und dann auch Teamgeist erzeugt werden kann.

Wer nicht an dieses kleine Wunder glaubt, dem kann ich nur von einem noch größeren Wunder an Mannschaftsgeist vorschwärmen. Daniel Barenboim hat in einem jahrelangen Kraftakt junge Musiker aus Israel, Palästina, Jordanien und Syrien zum „West-Eastern-Divan-Orchestra" geformt. Beim Musizieren haben sie erst die Gegnerschaft untereinander vergessen und sind inzwischen zum Symbol geworden, dass nur ein Miteinander das Gegeneinander überwinden kann. Keiner dieser jungen Solisten wäre mit diesem Ruf nach Frieden im Nahen Osten wahrgenommen worden, wenn Barenboim sie nicht zum Team geformt hätte.

Der Star ist die Mannschaft. Die Mannschaft braucht den Star. Mannschaftsgeist, das bedeutet nicht, einem Regime der grauen Mäuse das Wort zu reden. Allerdings: Leistungsträger helfen einem Team auf Dauer nur, wenn sie sich in die Mannschaft einordnen. Das ist so. Überall. Im Sport, im Arbeitsleben, in der Schule – und natürlich auch in der Politik. Kein Team besteht aus lauter Mittelstürmern oder Torjägern. In jeder Mannschaft ist nur ein Chefposten zu vergeben. Wenn der, der diesen Posten besetzt, herausragt durch Leistung, dann zieht er die anderen mit, motiviert sie und fördert den Mannschaftsgeist, der wiederum auch den Chef, den Star, die Leistungsträger beflügeln kann.

**»Nach meiner langen Ausbildung habe ich endlich den Job gefunden, den ich immer gewollt habe. Wie kann ich da einem Kind gerecht werden? Muss ich mich entscheiden, wo ich mich 100 Prozent engagiere – als Vater/Mutter oder im Beruf?«**

*Gundula Gause*

„Was war heute am schönsten?", frage ich meine Tochter (8) und meinen Sohn (6) allabendlich beim Zubettbringen. Ihre Antwort „Dass du da bist!" ist eine der schönsten Liebeserklärungen. Ich habe mir immer Kinder gewünscht und bin sehr glücklich mit meinen beiden ABC-Schützen. Zugleich liebe ich meinen Beruf. In der Redaktion des *heute-journal* arbeite ich als Freiberuflerin mit hohem inneren Engagement. Bereits während meines Studiums der Politikwissenschaft, Geschichte und Publizistik arbeitete ich als freie Fernsehjournalistin beim ZDF. Mein früh verwitweter Mann hatte einen 7-Jährigen mit in unsere Ehe gebracht, sodass ich mich schon damals im Tanzen auf mehreren Hochzeiten übte. Ein beruflich stark beanspruchter Ehemann, der kaum im Haushalt helfen konnte, ein Ziehsohn, der Zuwendung brauchte, Seminare und Vorlesungen in drei Fächern an der Uni, Moderatorin beim *journal* und *morgenmagazin* – das waren über Jahre die Koordinaten meines Lebens.

Heute, mit zwei kleinen Kindern, geht's noch turbulenter zu. Was Konzentration auf das Wesentliche und ein striktes Zeitmanagement erfordert. Freizeitvergnügungen wie Kinobesuche, Partys und Urlaub sind da nur selten drin. Das mag der eine oder die andere als Selbstkasteiung und als Verzicht auf die viel beschworene Selbstverwirklichung empfinden. Ich halte das Gegenteil für richtig: Mir ist meine Familie Glücksquell, Erdung, Vergnügen und eben auch „Selbstverwirklichung". „Werte" sind nicht trockene Theorie – Werte bewähren sich in der Wirklichkeit des Alltags. Was ist ein Kinobesuch, was eine Ferienreise gegenüber der Chance, seinen eigenen Kindern das Gefühl von

Geborgenheit sowie die Kontinuität verlässlicher Beziehungen bieten zu können? Als Fundament für ein selbstbewusstes und selbstbestimmtes Erwachsenenleben!

Viele Mütter und Väter klagen, ein Lebensbereich komme immer zu kurz. Das muss nicht sein! Ich engagiere mich zu 100 Prozent für meine Kinder, obwohl ich nicht permanent für sie da sein kann. Ich engagiere mich ebenso hundertprozentig in meinem Beruf, der uns Journalisten meist weit über einen Acht-Stunden-Tag hinaus fordert. Es kommt auf die Intensität und Qualität an, mit der die jeweiligen Lebensbereiche ausgefüllt werden. Wenn ich mit meinen Kindern unterwegs bin, ihre Hausaufgaben begleite oder mit ihnen Klavier übe, dann läuft dies nicht nebenher, sondern mit voller Kraft. Wenn ich in der Redaktion bin, dann auch voll und ganz. Wenn ich, erfüllt von meiner Arbeit, meinen Kindern über meine Themen, die Nachrichten und die Inhalte meiner Tätigkeiten sowie von interessanten Begegnungen berichte, sie daran teilhaben lasse und auch mal mitnehme, dann ergibt dies für mich einen sinnvollen Kreislauf. Nicht nur ich bin dann zufrieden mit meinem Arbeitsprodukt, auch die Kinder profitieren inhaltlich sowie durch die Tatsache, eine glückliche Mutter zu haben.

Unerlässlich für ein erfolgreiches Management von Beruf und Familie ist allerdings ein professioneller Umgang mit „profanen“ Herausforderungen des Alltags wie Fahrdienste, Einkaufen und Hausarbeit. Mir fehlen zum Beispiel oft Zeit und Muße zum Kochen. Darum bin ich froh, die für ein harmonisches Familienleben so wichtigen gemeinsamen Mahlzeiten dank einer wunderbaren Haushaltshilfe „organisieren“ zu können.

Entweder Beruf oder Familie? Mit dieser Entscheidung quälen sich heute vor allem junge Akademikerinnen, denen neuerdings vorgeworfen wird, sie seien „egoistisch“, weil sie zunehmend weniger Kinder bekommen. Es sollte kein „Entweder-oder“ sein, sondern ein „Und“! Dafür müssen sich die Rahmenbedingungen in Deutschland ändern – wie es in Politik, Wirtschaft und

Gesellschaft seit Jahren hinlänglich diskutiert wird. Doch der Mentalitätswechsel für ein kinderfreundlicheres Deutschland bleibt überfällig. Dass immer mehr junge Frauen auf Kinder verzichten, ist verständlich. Aber es stimmt mich auch traurig: weil uns in Deutschland die Kinder einfach fehlen – und weil die jungen Frauen und Männer, die in wachsender Zahl keine Väter sein wollen, abends nie die Liebeserklärung hören: „Das Schönste am Tag war, dass du da bist."

## » Fällt nicht viel Kindheit unter den Tisch, wenn das Lernen, z. B. mit dem Computer, immer früher anfängt? «

*Christoph Keese*

Es war irgendwann im Frühling 1972, ich ging auf die deutsche Grundschule in Paris. Mein Deutschlehrer sagte damals einen Satz, der mir in Erinnerung geblieben ist: „Kinder, ihr müsst alles lernen, was die Erwachsenen wissen, damit es euch selbstverständlich vorkommt." Ganz selbstverständlich, so fühlte es sich an, die Welt zu entdecken. Kinder finden die Welt angefüllt mit Dingen vor. Weil für sie alles neu ist, hat in ihren Augen alles das gleiche Alter. Was Erwachsene als historische Schichten wahrnehmen, ist für Kinder zeitlich eindimensional. Wenn wir uns also fragen, in welchem Maße wir Kindern Modernitäten wie Computer zumuten können, müssen wir wissen: Für sie ist ein Computer etwas Vorgefundenes, was sie wie alles andere einfach entdecken wollen.

Mein Vater arbeitete damals für die Computerindustrie. Eines Tages nahm er mich mit ins Rechenzentrum seiner Firma. Dort fütterten die Ingenieure ihren Rechner mit Lochkarten, Kettendrucker ratterten auf Endlospapier, der Raum sah aus wie die Nasa-Zentrale, aus der Klimaanlage wehte kalter Wind. Mit meinen sieben Jahren verstand ich: Das ist moderne Technik, aber ich setzte sie nicht in Widerspruch zu dem Park, den ich liebte, zum Eiffelturm oder zu einer Blumenwiese. Nur Erwachsene sehen Technik als Widerspruch und Konkurrenz zur Natur. Für Kinder besitzt ein Computer keinen grundsätzlich anderen Reiz als ein Erdhügel, in dem man gräbt. Ob Kinder etwas verpassen, wenn man sie in der Schule früh mit Technik, Musikkursen oder Fremdsprachen konfrontiert, hängt ganz allein davon ab, ob sie noch genug Zeit für eigene Entdeckungsreisen übrig haben. Wenn ja, dann verlieren sie nichts durch frühe Lernangebote von Schulen. Aus der Sicht des Kindes gibt es das Gegensatzpaar „Lernen" oder „Nicht-Lernen" gar nicht, wohl aber den Gegensatz „Spannung" und „Langeweile". Wenn Lernen spannend ist, fühlt das Kind sich wohl.

Mein liebstes Weihnachtsgeschenk als Kind waren Experimentierkästen. Ich habe ganze Tage mit ihnen verbracht. Seltsamerweise hatten meine Eltern immer ein schlechtes Gewissen, mir diese Kästen zu schenken, weil sie so didaktisch aussahen. Sie dachten wohl, über Schaufeln, Bagger, Pistolen oder Indianerkostüme würde ich mich mehr freuen. Mich plagte ebenfalls ein schlechtes Gewissen, denn die Kästen kosteten über 50 Mark, mehr als man sich zu Weihnachten oder zum Geburtstag wünschen durfte. Ein paar Mal gab es sehr unglückliche Bescherungen, weil ich mich nicht traute, den Elektronikkasten aufzuschreiben, und meine Eltern normales Spielzeug besorgten. Das Missverständnis flog auf, fortan bekam ich meine Kästen. Es war ein klassischer Konflikt nach dem Muster: „Wir dürfen das Kind nicht überfordern und müssen ihm seine Kindheit gönnen. Überfordern wir ihn nicht mit Bildungs- und Erziehungsversuchen." Damit richteten sie einen Schutz auf, den das Kind gar nicht wollte.

Von diesem Denken müssen Erwachsene Abschied nehmen. Sie sollten Angebote schaffen und das Kind dann selbst entscheiden lassen. Nimmt es eine Sache an, tut es das freiwillig und mithin gern. Überwiegt die Langeweile, sollte man die Qual begrenzen. Auch wenn Kinder noch nicht verstehen, wann welches Produkt in die Welt gesetzt wurde, so besitzen sie doch ein sehr feines Gespür für das Neue. Sie lieben Neuigkeiten und nehmen es übel, wenn Erwachsene sie ihnen vorenthalten. Alles kann eine Neuigkeit sein: Computer, Sprachen, Instrumente, Sportarten. Wenn wir Kinder früh mit Förderangeboten konfrontieren, dann sollte die Befriedigung ihrer Gier nach dem Neuen – ihrer Neugierde – unser Motiv sein, nicht die Absicht, ihnen schon mit sechs einen guten Start ins Berufsleben zu verpassen. Wir sollten ihnen erlauben, aus eigenem Antrieb heraus zu entdecken. Wenn sie dabei noch etwas lernen, umso besser.

## » Schon wieder Überstunden, schon wieder muss ich eine Verabredung mit meiner Familie platzen lassen. Ist das Opfer für die Karriere nicht zu groß? «

*Klaus Mangold*

Es gehört zum Leben von Führungskräften, dass sie immer wieder von Neuem zwischen Familie und Beruf abwägen müssen. Eine gut funktionierende Familie braucht Zeit füreinander, Zeit für gemeinsame Interessen wie z. B. Sport, und gelegentlich braucht man einfach ein wenig Ruhe für sich selbst. Aber wie schafft man das, wenn man im Büro stark unter Druck steht und beruflichen Erfolg haben will? Da ist der Chef, die Firma, die Mitarbeiter, die immer präsent sind und den Anspruch erheben, dass der Beruf im Zweifel wichtiger als das Privatleben sein müsse. Da ist andererseits die Familie mit der Ehefrau, die den Freundeskreis pflegen, die Urlaubsplanung ernst nehmen, sich auf Termine verlassen will. Da sind die Kinder, die den Vater gerne weniger im Büro, in China oder Russland sehen wollen, sondern als aktiven Begleiter beim Fußballspiel, beim Tennis oder beim Schulfest.

Wie diesen Konflikt lösen, mögliche Auseinandersetzungen vermeiden? Sicherlich gibt es keine Patentrezepte – wohl aber ein paar wenige Grundregeln, die wir in vier Jahrzehnten Berufsleben entdeckt haben und seither versuchen einzuhalten. Zunächst: Ohne intensive Einbindung von Ehepartner und Kindern in die Sphäre von Beruf und Firma mit ihren eigenen Gegebenheiten und Herausforderungen geht gar nichts. Erfolg und Fortkommen im Beruf ist nicht nur die Sache dessen, der ihn ausübt, sondern ein gemeinsames Projekt, zu dem die Familie wesentlich beiträgt. Wenn ein Manager seiner Familie nicht plausibel erklärt, was die Firma tut, weshalb schon wieder eine Dienstreise fällig ist, warum so viel Mobilität verlangt wird, dann wird die Familie seine vielen, oft auch wenig planbaren Abwesenheiten und Reisen nicht verstehen, dann wird eine Entfremdung eintreten.

Für mich war und ist es wichtig, die Familie aktiv in mein Berufsleben einzubeziehen, z. B. bei Firmenbesichtigungen oder durch die Teilnahme an der Weihnachtsfeier mit der Ehefrau. Es ist auch hilfreich, wenn Frau und Kinder die wichtigsten Mitarbeiter kennen. Wer einen solchen Job hat, der muss um Verständnis werben, dass nicht eingeplante Überstunden oder schon wieder ein Samstag, den man im Büro verbringen muss, wichtig sind für Umsatz und Ergebnis, ein Beitrag zur Sicherung von Aufträgen und Arbeitsplätzen – und dass dieser Erfolg auch ein ganz persönliches Erfolgserlebnis ist. Das erklärt sich nicht von selbst!

Dann aber auch: Konsequent Freiräume für die Familie schaffen, die auch eingehalten werden sollten. Das heißt: Handy oder Blackberry ausschalten beim Besuch des Fußballspiels mit den Kindern, in diesen ja meist raren Momenten Konzentration auf das zu diesem Zeitpunkt für die Familie Wesentliche. Meine Erfahrung (nicht nur in der eigenen Familie, sondern auch bei der Beobachtung von Kollegen und Karrieren) ist, dass ein Konsens, eine Übereinstimmung zwischen den Zielen der Familie einerseits und der beruflichen Orientierung andererseits ganz wichtig ist für dauerhaften Erfolg. Um Konflikte und Spannungen zu vermeiden, müssen Kinder und Ehepartner sich aber auch darauf verlassen können, dass es Zeit nur für sie gibt! Die Familie ist vielleicht der ausschlaggebende Faktor dabei, den Manager daran zu erinnern, dass der Beruf nicht alles ist. Klarheit, Ruhe und Gemeinsamkeit an der familiären „Front" gehören zu den wichtigsten Voraussetzungen für beruflichen Erfolg.

Wer dies bewusst lebt, wird auch als Manager in der Lage sein, in seiner Firma für Verständnis zu sorgen, wenn ein Mitarbeiter einmal einen wichtigen Termine sausen lassen muss, weil er sich um eine familiäre Angelegenheit zu kümmern hat. Denn auch die Firma hat ein Interesse daran, dass das häusliche Umfeld und die familiäre Harmonie stimmen, aus ganz egoistischen Motiven, weil berufliche Höchstleistungen – und meistens handelt es sich ja um eine Art Langstreckenlauf – ohne einen Ausgleich zwischen Familie und Firma nicht erbracht werden können. Beruf und Familie widerstreben sich nicht. Es kommt darauf an, Verständnis zu wecken, zu erklären – und darauf, die Balance zu halten!

**» Eine Kollegin bringt in letzter Zeit öfter ihre zweijährige Tochter mit ins Büro. Sie hat keine feste Betreuung. Das stört aber. Soll der Chef ihr das verbieten, damit die Arbeitsatmosphäre insgesamt nicht leidet? «**

*Bettina Böttinger*

Meine Antwort auf die klar gestellte Frage lautet ebenso klar: JA! Eine Mutter (oder auch ein Vater) muss die Frage der Betreuung des Kindes während der Arbeitszeit regeln. Was soll ein zweijähriges Kind im Büro? Auf dem Teppich rumkrabbeln und Kabel anlutschen? Es wird zwangsläufig nerven, weil es nicht angemessen beschäftigt wird. Damit ist die Konzentration der Mutter auf die Arbeit gestört, die Kollegen sind im Zweifelsfall auch irritiert und die scheinbar tolerante Haltung des

Chefs wird durch die Macht des Faktischen korrigiert werden. So löst man keine Probleme, so schafft man welche. Und ein Chef (oder eine Chefin), der hier ein Auge zudrückt, ist nicht mitfühlend, sondern konfliktunfähig.

So einfach aber diese Antwort klingt, so kompliziert ist der Hintergrund dieser Fragestellung. Die Vereinbarkeit von Beruf und Mutterschaft wird den Frauen hierzulande schwer, zu schwer gemacht.

In meinem Team arbeiten drei Frauen, eine mit drei, eine mit zwei und eine mit einem Kind. Das bringt gelegentlich Probleme mit sich. Ich erinnere mich, dass eine von mir sehr geschätzte Mitarbeiterin einmal in Tränen ausbrach, weil das fest eingeplante Au-pair-Mädchen nach einem Unfall den Dienst nicht antreten konnte und die Mutter einfach nicht mehr weiterwusste. Wir haben das gütlich und solidarisch geregelt. Im Einzelfall ist das immer möglich, wenn guter Wille da ist. Ich gebe zu, dass ich auch schon angestrengt war, wenn die andere Kollegin mal wieder zu spät kam. Das Kind hatte Husten. Na gut.

Das soll nicht heißen, Mütter zu beschäftigen sei ein Akt des Mitfühlens. Mütter sind für den Arbeitgeber ein Segen! Sie sind „multitaskfähig", zeitorientiert, flexibel und konfliktfähig. Kurzum: Belastbarer! Zudem beinhaltet ein Leben mit Kindern, das eigene Ego in Zweifelsfall hintanzustellen. Diese soziale Kompetenz bereichert jedes Team. Vor Jahren machte mir eine Bewerberin deutlich, dass sie sehr wohl alle Kraft und Erfahrung in die angebotene Stelle einbringen werde. Allerdings habe sie einen kleinen Sohn und könne deshalb nur 80 % arbeiten. Klare Bedingung. Begeistert war ich nicht. Wir haben uns trotzdem geeinigt und sie arbeitet seit acht Jahren als Redaktionsleiterin. Sehr erfolgreich.

Aber die Kinderfrage darf meiner Überzeugung nach nicht als reine Privatangelegenheit definiert und behandelt werden. Wenn wir – gerade derzeit wieder mal heftig – darüber diskutieren, warum die Geburtenrate in diesem Land so dramatisch niedrig ist, kommen wir an den Zahlen nicht vorbei. Für die unter Dreijährigen stehen viel zu wenig öffentliche Betreuungsplätze zur Verfügung. Ende 2005 waren es 13,7 % bundesweit. Vor allem in dieser Kleinkind-Phase werden Frauen alleingelassen und verpassen nicht selten den beruflichen Anschluss. Für die Betreuung der Kinder müssen endlich angemessene staatliche Rahmenbedingungen geschaffen werden, wie das in anderen Ländern, zum Beispiel Frankreich, längst geschehen ist.

Vor einigen Jahren diskutierte ich am Rande einer Veranstaltung mit dem damaligen nordrhein-westfälischen Ministerpräsidenten Wolfgang Clement die Situation von berufstätigen Frauen mit Kindern und kritisierte die fehlende öffentliche Unterstützung. Brüsk fragte Clement zurück, um was der Staat sich denn noch alles kümmern solle. Es gebe auch so etwas wie Eigenverantwortung. Wolfgang Clement hat fünf erwachsene Kinder. Seine Frau war als Hausfrau und Mutter Mittelpunkt der Familie. Sie hielt ihrem Mann für seinen anstrengenden Beruf, wie es so schön heißt, „den Rücken frei". Spätestens da war mir klar: In dieser Hinsicht können wir uns nur auf engagierte Familienpolitikerinnen verlassen!

**» Im Büro wird viel hinter dem Rücken anderer gesprochen. Grüppchen bilden sich, Seilschaften. Lässt sich das vermeiden oder muss man das hinnehmen? «**

*Eggert Voscherau*

In Unternehmen gibt es einen oftmals ungenutzten Rohstoff. Schürfen Sie nach ihm auf den Fluren, graben Sie danach in den Kaffee-Ecken, auch in den Pausenräumen lassen sich ergiebige Fundstätten entdecken. Dieser Rohstoff ist unerschöpflich – und er kann Energie liefern. Sie sollten diese Energie behutsam in Bahnen lenken, sie sanft nutzbar machen, sie dazu bringen, Mühlen und Windräder anzutreiben. Natürlich nur im übertragenen Sinne – denn der Rohstoff heißt Klatsch, Tratsch oder, wie wir Norddeutschen sagen: Schnack!

Wie ich zu dieser These komme, dazu gleich mehr. Doch zunächst einmal Hand aufs Herz – wer von uns hat sich nicht schon mit einer Kaffeetasse in der Hand gemütlich lümmelnd mit spitzer Zunge über die eine oder andere Begebenheit im Büro ausgelassen? Eigentlich tratschen wir doch alle gerne. Weil es manchmal einfach guttut! Diese fortgeschrittene Variante des Smalltalks ist eine Urbedürfnis des Menschen, schon seitdem sich unsere Vorfahren in den Höhlen der Steinzeit am abendlichen Lagerfeuer Geschichten erzählt haben.

In einschlägigen psychologischen Abhandlungen wird der Informationsaustausch hinter vorgehaltener Hand als befreiender Mechanismus verstanden, der den Abbau von Aggressionen und die Befriedigung von Neugierde ermöglicht, unterhaltend und entspannend wirkt. Hier können wir auch mal Dampf ablassen, den Frust des Alltags unter Gleichgesinnten abbauen. Was gäbe es Langweiligeres, als einen Monat lang darauf zu verzichten? Der Kabarettist Willy Reichert hat einmal gesagt: „Tratschen ist eine feste Verbindung zwischen zwei losen Zungen." Ich finde, das stimmt: Denn diese Kommunikationsform verbindet Menschen in Unternehmen zuweilen mehr, als Team-Building-Maßnahmen dies vermögen.

Solange Menschen im Unternehmen offen und aufrichtig miteinander umgehen, sollten Vorgesetzte beim „Flurfunk" die Ohren spitzen. Denn er kann ein Frühwarnsystem, ein Seismograph für Stimmungen sein. Anstatt sich ihren Teil zu denken und zu schweigen, bringen die Beteiligten Dinge auf den Tisch, sprechen beispielsweise Probleme offen an. Und die müssen in direkten, auch harten, aber fairen Diskussionen abgearbeitet werden. Der „Flurfunk" gerät in diesem Sinne zur wertvollen Ressource, die sowohl vertrauensbildend als auch entspannend wirken kann. Aber: Alles hat seine Zeit – will heißen, dass derlei Gespräche weder Arbeitsersatz sind noch dann einen Platz haben, wenn Aufgaben und Termine den Formationsflug für gemeinsame Arbeit gebieten.

So kommt am Ende aus der Substanz des Gesprächs etwas Gutes für das Team und für das Unternehmen heraus. Nicht umsonst haben deshalb viele Unternehmen Einrichtungen geschaffen, um dem Tratsch ein Forum zu geben und ihn – im oben erwähnten Sinne – sanft zu kanalisieren: Da gibt es beispielsweise Fokusgruppen, in denen „Volkes Stimme" gefragt ist. Es gibt Mitarbeiterbefragungen, Feedbackgespräche, 360-Grad-Beurteilungen und vieles mehr. Alles mit dem Ziel, die Antennen auf Empfang für den „Flurfunk" zu stellen.

Wie man es dreht und wendet, ob die Chemie stimmt oder nicht: Der „Flurfunk" ist nicht wegzudenken. Oder würden Sie gerne in einem Unternehmen ohne diese populäre Informationsbörse arbeiten? In einem Unternehmen, in dem alle nur offiziell und unverbindlich miteinander verkehren, aber ansonsten schweigen? Wo die Kollegen immer gewissermaßen mit heruntergelassenem Visier herumlaufen? Um Himmels willen!

Manchmal nutzen Unternehmen den Flurfunk auch gezielt beim Umgang mit Kunden oder der Öffentlichkeit – nur nennen sie ihn dann z. B. „Hintergrundgespräch", „Kundenevent" oder auch „Geschäftsessen". Nicht zuletzt haben diese Formen des Meinungsaustausches auch den Vorteil, dass sie kein Kästchendenken, keine Hierarchie- und Abteilungsgrenzen kennen und deshalb zuweilen sehr befruchtend wirken. Bei der BASF wurden in der Forschung deshalb vor einigen Jahren Kaffee-Ecken eingerichtet, in denen sich die Forscher in den Pausen nach Herzenslust über dies und das austauschen können und sollen. Schon so manches Päuschen, bei dem die Leute die Seele baumeln lassen, war schon sehr produktiv.

Ein Beispiel: Einer unserer Forscher arbeitete an der Entwicklung eines Herstellverfahrens für ein Vorprodukt für Kunststoffe. Die Schwierigkeiten bei der Übertragung des Verfahrens aus dem Labormaßstab in die Praxis waren so groß, dass sie allen Mitgliedern des Projektes schlaflose Nächte bereiteten – eigentlich ein sicheres K.-o.-Kriterium für das ganze Unterfangen. Bis der zuständige Mann einmal in einer der Kaffeerunden sein Leid einem Kollegen neben ihm klagte und der ihm beim Spintisieren vorschlug, es einmal entgegen jeder Lehrbuchmeinung zu versuchen – etwa bei hoher Temperatur in einer speziellen Apparatur. Gesagt, getan – und siehe da: So klappte die Herstellung sofort! Und zwar mit einer Reinheit, die wir für dieses Produkt noch nie zuvor erreicht hatten.

Heute produzieren wir nach diesem Verfahren in einer Pilotanlage im Tonnenmaßstab. Ein schöner Erfolg – für die losen Zungen der Kaffeerunde und für die BASF. Deshalb sage ich: Flurfunk, Klatsch und Tratsch ist eine schöne Ressource – es kommt nur darauf an, sie konstruktiv zu nutzen!

» **Gerade hat sich ein Rollstuhlfahrer um einen Job beworben. Er wird es schwer haben, denn bei uns sind Schnelligkeit, Wendigkeit gefragt, viele Wege müssen zurückgelegt werden. Rechtfertigt das eine Absage?** «

*Norbert Walter*

Seit 30 Jahren ist es ein Teil meiner Aufgabe, Menschen einzustellen oder nicht einzustellen, sie zu motivieren, eine neue Aufgabe zu übernehmen oder mit der bisherigen Rolle zufrieden zu sein. Dieser Teil der Leitungsaufgaben gehört zu den verantwortungsvollsten Exerzitien und zu den schwierigsten. Es hat keinen Sinn, jemanden für eine Aufgabe einzusetzen, für den sie/er weniger gut geeignet ist als andere. Es würde nur Enttäuschung für den Kandidaten bedeuten und Unverständnis jener, die mit ihr/ihm konkurrieren. Und die Kunden würden den Chef ob seiner Entscheidung nicht verstehen.

Ich selber wollte in meinen Sturm-und Drang-Jahren Dressman werden. Aber die elterlichen Gene und die dürftige Kriegs- und Nachkriegsernährung sorgten dafür, dass mein Körper bei 1,71 m sein Wachstum einstellte. Als ein solcher Stöpsel ist zwar Michael Fox ein Großer im Film geworden, aber meine Chancen, als Dressman mehr als eine lächerliche Figur zu werden, waren minimal. Andere Talente und Neigungen zu entdecken und zu entwickeln war also eine sinnvolle Zielsetzung, und das Streben nach einer für mich und andere sinnvollen Aufgabe war nicht ohne Erfolg.

Wenn ich für Aufgaben im Research einer Bank die Kandidaten auswähle, kommt es auf die Fähigkeit zu mündlicher und schriftlicher Kommunikation, auf die Kompetenz zu konsistentem und strukturiertem Denken und Argumentieren an. Für Leitungsfunktionen kommt soziale Kompetenz hinzu, Die Fähigkeit, zu motivieren und auszugleichen. Für die, die unmittelbar mit Kunden in Kontakt sind, ist es wichtig, behänd und freundlich zu sein.

Was heißt das alles für einen Rollstuhlfahrer? Es ist offenkundig, dass die Beherrschung der wichtigen Sprachen und die Kompetenz zu strukturiertem Denken die Grundvoraussetzung für eine Einstellung ist. Also, Deutschnote und Sprachaufenthalt, der Nachweis, lebendige, überzeugende Texte verfasst zu haben, eine gute Mathematiknote, vielleicht die Freude am Schachspiel sind wichtige Voraussetzungen für den Berufserfolg. Für Führungspositionen sind Erfahrungen in der Projektleitung oder mit Führungsaufgaben im Sport oder in Jugendgruppen eine günstige Voraussetzung. Und: Ist es für diese Aufgaben oder Talente ein Hinderungsgrund, im Rollstuhl zu sitzen, seine Beine nicht einsetzen zu können? Die Antwort darauf ist, mit wenigen Einschränkungen: Nein. Freilich: Wenn ich jemanden brauche, der auf sich allein gestellt in nahezu allen Ländern der Welt Forschungsergebnisse der eigenen Mannschaft für Kunden in Wirtschaft und Politik vorstellen soll, der also täglich fliegt, mit Taxis und öffentlichen Verkehrsmitteln reisen muss, dann werde ich eher nicht jemanden im Rollstuhl auswählen, trotz immer häufigerer Barrierefreiheit in öffentlichen und privaten Gebäuden.

Aber warum sollte ein kluger Chef nicht eine spezifische Jobbestimmung zustande bringen, die die Talente und die Begrenzungen (hier des Rollstuhlfahrers) optimiert? Schließlich ist eine stillende Mutter auch nicht für permanente Reisetätigkeit geeignet.

Also Hand aufs Herz: Wird es ein Rollstuhlfahrer schaffen, bei Deutsche Bank Research eingestellt zu werden? Die Antwort ist ein uneingeschränktes Ja: Denn in einem Forschungsteam gibt es viele Rollen, auch viele sehr wichtige, bei denen eine solche körperliche Einschränkung keine Begrenzung darstellt. Sicher ist aber auch: Der Rollstuhlfahrer würde bei der Bewertung keinen „Bonus" bekommen. Seine professionelle Kompetenz, seine mentale und physische Leistungsstärke müssen im Wettbewerb mit den anderen Bewerbern bestehen. Der Stolz, es geschafft zu haben, muss auch für den Rollstuhlfahrer auf einem fairen Vergleich und Wettbewerb mit den Konkurrenten basieren.

**» Ein Freund wendet sich an mich wegen eines Praktikums für seinen Sohn. Ein begabter Junge, mit guten Noten. Muss ich ihm absagen, um ihn nicht zu bevorzugen? «**

*Alois Glück*

Ist der Sachverhalt überhaupt ein ethisches Problem? Es gibt zwei einfache, wenn auch gegensätzliche Antworten. Die erste: „Klar, wenn mich ein Freund darum bittet, mach' ich das." Die zweite: „Tut mir leid, aber ich halte mich an die Regeln. Und hier gilt das Leistungsprinzip." Die zweite Antwort ist unangreifbar korrekt, einwandfrei. Ist sie auch ohne Alternative? Da bin ich mir nicht ganz sicher.

Zunächst: Es geht um eine Praktikantenstelle. Häufig gelten nicht so strenge formale Kriterien wie bei einer Arbeitsstelle. Und, ich gebe es zu, der Freund spielt auch eine Rolle. Womöglich hat er mir auch schon geholfen. Bei eigenen Anliegen oder für das eines Menschen, der in der Bürgersprechstunde war und z. B. händeringend einen Ausbildungsplatz für seine Tochter suchte. Da verstecke ich mich auch nicht hinter den Noten. Gerade den Leistungsschwächeren müssen wir oft den Weg ebnen, damit sie ihren Platz im Arbeitsleben finden können.

Woran orientieren, was gilt? Wenn ich „Gerechtigkeit" nicht einfach an den formalen Regeln messe, mich dahinter verstecke, werde ich immer wieder in die Abwägung gezwungen. Im „Kleinen" wie im „Großen". Und was ist schon „klein". Für den jeweils Betroffenen ist es *sein* Problem, nicht ein Problem, irgendein Sachverhalt wie hundert andere Themen und Entscheidungen. Nehme ich die formalen Regeln nicht als absoluten Maßstab, begebe ich mich zwangsläufig in subjektive Maßstäbe.

Wo ist die Grenze der Abwägungsmöglichkeiten? Keinesfalls werde ich verbindliche Regeln, Rechtsvorschriften verbiegen oder ignorieren, um zu helfen. Das mute ich auch keinem Entscheider zu, denn die Gleichheit vor dem Recht ist verbindlich. Gibt es Ermessensspielräume, sind mir soziale Gesichtspunkte, z. B. schwierige Lebensverhältnisse, ein gewichtiges Argument. Die Schwächeren haben mehr Unterstützung notwendig als die Stärkeren, die immer wieder Chancen finden.

Und, ich gebe es zu, im Rahmen des zulässigen Ermessens hat auch die Freundschaft bei der Entscheidung Gewicht, aber nur in diesem Rahmen.

**» Der Beruf des Journalisten bringt manche Privilegien mit sich: Freifahrten, Einladungen usw. Darf man die annehmen, oder muss man aus Prinzip „Nein" sagen? «**

*Dieter Stolte*

Wer nach den Privilegien des journalistischen Berufs fragt, sollte sich darüber im Klaren sein, dass schon dieser Beruf selbst ein Privileg ist. Dieser Beruf ist keine Selbstverständlichkeit. Er ist begabungs- und ausbildungsbedingt, unterliegt jedoch keiner förmlichen Lizenzierung wie andere auf den Menschen bezogene Berufe wie z.B. der des Hochschullehrers, Arztes oder Pfarrers. Dennoch hat der Journalist eine besondere Verantwortung für sich und seinesgleichen.

Der Philosoph Hans Jonas spricht in diesem Zusammenhang von „Fernverantwortung". Er meint damit eine Verantwortung, die über ein konkretes Kontraktverhältnis hinausgeht und die auch dann noch fortwirkt, wenn die Vertragspartner schon längst auseinandergegangen sind. Journalisten verfügen, gleichgültig ob sie für Printmedien arbeiten oder im elektronischen Bereich tätig sind, über die Möglichkeit, ihre Meinung einem großen Publikum mitzuteilen. Ihre Meinung befördert Entscheidungen, ihr Verhalten wirkt stilbildend. Ihre Wirkungen reichen häufig über die konkrete Arbeit und den einzelnen Tag hinaus. Ihre Tätigkeit sickert in das Grundwasser der Gesellschaft ein und fördert oder bremst dort zu einem Zeitpunkt Prozesse, zu dem das häufig weder erwartet wird noch erwünscht ist.

Journalisten üben Macht aus, auch wenn sie in der montesquieuschen Gewaltenteilung nicht vorkommen: mal konkret und direkt, mal unterschwellig oder ganz nebenbei. Wie allen Mächtigen und Einflussreichen der Gesellschaft werden ihnen Ehrungen und Aufmerksamkeiten zuteil, die in erster Linie nicht ihrer Person gelten, sondern dem Beruf, den sie ausüben, und der Position, die sie innehaben: kostenlose Einladungen zu den Festspielen nach Salzburg und Bayreuth, zu sportlichen Events wie Fußballweltmeisterschaften oder Rennen der Formel 1 in aller Welt, ein Auto zur Probe, Informationsreisen rund um den Globus in die teuersten Hotels mit feinstem Ambiente. Das alles gehört zum Standard einer Gesellschaft, die sich nicht zuletzt auch gerne selbst schmückt und feiert. Journalisten sollen ihr dabei helfen und für sie werben.

Es ist nicht entscheidend, ob sich der Gastgeber als Folge einer Einladung „nur" einen wohlwollenden Artikel oder einen wirksamen Hinweis in einer Sendung verspricht. Immer läuft es aufs Gleiche hinaus: auf die Schaffung einer angenehmen Atmosphäre, in der jemand für die Firma, ein Produkt, eine Politik vereinnahmt werden soll. Vorsicht! Der konkreten Bestechung im Einzelfall geht meist die allgemeine Korrumpierung des Geistes voraus. Ist die Trennlinie erst einmal unscharf geworden, dann lassen sich Menschen – und auch Journalisten! – umso besser lenken und leiten, im Klartext: für eigene Zwecke instrumentalisieren.

Um solchen Entwicklungen vorzubeugen, haben Medienunternehmen wie das ZDF und der Axel Springer Verlag Regelwerke entwickelt, die die Annahme geldwerter Vorteile grundsätzlich untersagen. Sie ist genehmigungspflichtig, und solche Vorteile dürfen nur in begründeten Ausnahmefällen angenommen werden. Transparenz ist entscheidend! Die Unabhängigkeit journalistischer Arbeit, ihre Glaubwürdigkeit bei Lesern, Hörern und Zuschauern hat absoluten Vorrang. Das ist richtig, denn was wäre ein Journalismus, dem man nicht zu jeder Zeit und in allen Fällen die Unabhängigkeit seines Urteils bescheinigen könnte?!

Man wird vielleicht einwenden, dass wir in einer „vermarkteten" Welt leben, in der die Grenzen zwischen der realen Wirklichkeit und der künstlich geschaffenen fließend geworden sind. Der Mensch habe gelernt, damit umzugehen. Er wisse schon selbst zwischen „Nachricht", „Anzeige" und PR-Aktion zu unterscheiden und bedürfe nicht der vorsorglichen Betreuung durch Hinweise und Verbote. Dieser Einwand übersieht, dass „Einfluss" und „Einflussnahme" immer geheimnisvolle, ja subkutane Vorgänge sind, bei denen „Täter" und „Opfer" schwer auseinander zu halten sind. Hat man diesen Zustand erst einmal erreicht, dann ist im Leben ohnehin alles gleichgültig geworden: Denn Gleichgültigkeit ist der Beginn aller Unmoral, an deren Ende die Auflösung des Unterscheidungsvermögens steht, das jede menschliche Kultur auszeichnet.

**» Ich bin 62 und leitend in der Personalabteilung eines großen Unternehmens tätig – ein Alter, in dem ich einigen Mitarbeitern Altersteilzeit angeraten habe. Wie verhalte ich mich selbst? Ich fühle mich fit, habe aber doch das Gefühl, ich müsste konsequent sein und Jüngeren Platz machen. «**

*Dietrich Grönemeyer*

Ältere Menschen können unserer Gesellschaft und damit auch den Betrieben und Institutionen Stabilität geben. Die Halbwertszeit des speziellen Wissens verändert sich rasant. Was heute richtig ist, ist morgen überholt. In der Fähigkeit des Neulernens sind jüngere Menschen den älteren möglicherweise überlegen. Wenn man aber so etwas wie Wertereflexionskraft in die Arbeitsprozesse und in die Entscheidungen unserer Gesellschaft einbringt, das allgemeine Wissen also, das Wissen um Zusammenhänge, das etwas anderes ist als das zweckmäßige Wissen einer auf Ökonomie ausgerichteten Welt, dann kann ein alter Mensch häufig eher etwas Wichtiges beitragen, als das ein junger Mensch kann. Durch die Zeit, die er gelebt hat, hat er einen ganz anderen Horizont entwickelt. Wenn wir an seiner Erfahrung teilhaben, erweitert das auch unsere eigenen begrenzten Möglichkeiten.

Ein Beispiel aus dem eigenen Betrieb: Wenn ich nicht meinen 68-jährigen Controller hätte, würde ich wesentliche Dinge immer wieder übersehen. Dieser Mann bringt nicht nur Ruhe und Bedachtsamkeit in den Betrieb, er bringt auch Konzentration auf die Sache hinein. Die Generation zwischen 55 und 75 verfügt für Verwaltungs- und Leitungsaufgaben über ein hervorragendes Wissen und unschätzbare Erfahrungen. Viele Pleiten von jungen Unternehmen könnten vermutlich verhindert werden, wenn wir das Know-how der älteren Generationen im Management nutzen und es nicht ohne Not brachliegen lassen würden. Der Bildungswissenschaftler und Altersforscher Paul Baltes hat kürzlich darauf hingewiesen: Belegschaften, in denen Ältere fehlen, sind schlichtweg verarmt. Ihnen fehlt nicht nur sachliche Erfahrung, sondern auch emotionale Intelligenz. All das unterstützt meine Forderung: Wir brauchen ein Bündnis der Generationen. Ich plädiere daher für ein Bündnis von Dynamik und Erfahrung.

Wissen um das wirkliche Leben: das ist der Erfahrungsschatz des Älteren. Davon können wir lernen. Das ist nichts Abstraktes. Es ist auch eine Sache von Lebenswissen. Es hat daher auch mit dem Handeln zu tun. Bei Cicero heißt es in seiner Schrift über das Alter (Cato maior): „Nicht Kraft des Leibes, nicht Gelenkigkeit oder Geschwindigkeit der Glieder vollbringt große Taten, sondern Einsicht, Erfahrung, Urteil; an diesen pflegen die Jahre uns nicht ärmer, sondern reicher zu machen."

Deshalb würde ich mich auch als 62-jähriger Leiter einer Personalabteilung immer dafür engagieren, gerade das Know-how von älteren Mitarbeitern, ergänzt durch deren spezifisches *Lebenswissen*, zu bewahren, und mich gegenüber der Betriebsleitung dafür einsetzen, nicht das spezifische Alter, sondern die spezifischen Inhalte und Leistungen Einzelner zu beurteilen – unabhängig vom Alter. Gleichzeitig würde ich aber bei dringend notwendigen betrieblichen Einsparungen dafür Sorge tragen, dass die potenziell Betroffenen – ob alt oder jung – in den Prozess mit einbezogen werden.

Unabhängig hiervon sehe ich eine zukünftige Aufgabe von Firmen und Staat darin, sich um Alternativangebote für von Arbeitslosigkeit bedrohte oder gegen ihre Wünsche nur teilzeitbeschäftigte Menschen, besonders Frührentner und ältere Beschäftigte zu kümmern – ganz im Sinne einer humanistischen Kultur und des langfristigen Erhalts individueller Gestaltungskräfte. Kümmern hieße für mich aber vor allem: Einbindung in soziale Prozesse und in neue, auch betriebliche Arbeitsprozesse. Hierfür würde ich auch als Personalleiter kämpfen wollen, gerade um auch Alternativen für meine (Noch-)Mitarbeiter zu bekommen.

Dabei möchte ich aber auch den Einzelnen zur Eigeninitiative motivieren und Leidenschaft erzeugen, Leidenschaft zur aktiven Gestaltung des eigenen Lebens nach dem Motto: Nimm dein Leben in die Hand, handle selbst. Lebe, lass dich nicht leben. Aber gleichzeitig auch: Ich helfe dir dabei. Schaffe dir selber trotz aller Hindernisse deine zukünftigen Gestaltungsräume. Lebe dein Leben. Sei Steuermann deines eigenen Geschicks. Die Gemeinschaft braucht dich, und wir stehen hinter dir, stärken dir den Rücken.

Gerade dieses Nichtalleingelassenwerden braucht jeder von uns, vor allem in schwierigen Lebensumständen. Denn Resignation und das Gefühl der Ohnmacht machen krank. Das einzige Heilmittel ist meiner Überzeugung nach der Perspektivenwechsel – von der Reaktion in die Aktion. Die allgemeine Depression, die in der Gesellschaft vorherrscht, hat auch damit zu tun hat, dass die wenigsten Menschen überhaupt noch Gestaltungsräume für sich sehen. Sie haben bewusst oder unbewusst das Gefühl, nicht selber zu leben, sondern gelebt werden, verwaltet zu werden, Objekt zu sein.

Wenn man älter wird, nimmt man die früheren Erfahrungen mit. Die verliert man ja nicht. Die trägt man mit sich, und sie werden erstaunlicherweise auch immer wieder ausgegraben. In der Auseinandersetzung zwischen den Generationen erfährt man das als durchaus positiv. Und deswegen ist es so wichtig, dass Alt und Jung sich auseinandersetzen, dass Alt und Jung zusammenfinden nicht nur im gemeinsamen Handeln, sondern auch im gemeinsamen Durchdenken und Durchleben gemeinsamer Themen, gerade auch bei dem existenziell so bedrohlichen Thema des Arbeitsplatzverlustes. Das gilt sowohl im Betrieblichen wie im Persönlichen und in der Freizeit. Wenn solche Auseinandersetzungen stattfinden, können sie dazu beitragen, dass die nächste Stufe der Erkenntnis erreicht wird. Und wenn dann noch eine innerliche Ruhe und eine gewisse Gelassenheit dazukommt, dann ist es, glaube ich, das, was die alten Meister in allen Religionen und Kulturen immer wieder als Kern der Weisheit thematisiert haben: Dann kann und wird ein echter Erkenntnissprung stattfinden. Und diesen erhoffen wir uns doch eigentlich alle, oder?

**» Was im Beruf verdient wird, reicht nicht mehr zum Leben. Das Einkommen sichert die Existenz nicht mehr. Wie begegne ich als Politiker, mit gesichertem Einkommen, solchen Menschen? Was ist ihre Arbeit, was sind sie selbst „wert"? «**

*Dieter Althaus*

Ein Wachmann in der Thüringer Staatskanzlei verdient rund 4,40 Euro in der Stunde. Das ist insbesondere in den jungen Ländern keine Ausnahme. Ich weiß, dass mancher ALG-II-Bezieher mehr im Portemonnaie hat. Viele Löhne werden der traditionellen politischen Formel „Arbeit muss sich wieder lohnen" nicht mehr gerecht. Doch nicht nur im Bereich des ersten Arbeitsmarktes lohnt sich Arbeit teilweise nicht mehr. Auch für einen Hartz-IV-Empfänger ist – rein ökonomisch gesehen – der Anreiz gering, einen Job aufzunehmen. Wer über die 100-Euro-Freibetragsgrenze hinaus hinzuverdient, dem werden 80 bis 90 Prozent abgenommen – das ist alles andere als motivierend.

Wer Arbeit umfassend wertschätzen und diejenigen, die sie ausführen, würdigen will, muss zu einem neuen Anfang bereit sein. Er muss über das gegenwärtige Sozial- und Steuersystem hinausdenken und sich auf die Wurzeln zurückbesinnen. Die Soziale Marktwirtschaft setzt sowohl auf die positive Kraft des Marktes als auch auf die soziale Sicherheit für jeden Bürger. Manche Politiker appellieren an die Bürger, die Sozialleistungen nicht auszunutzen. Mich ärgern solche Phrasen. Aus eigener leidvoller DDR-Erfahrung weiß ich, wie das SED-Regime seinen Bürgern misstraut hat. Das Erfolgsrezept der Sozialen Marktwirtschaft ist, den Menschen etwas zuzutrauen, ihnen zu vertrauen. Vertrauen schafft Vertrauen. Eine Aufgabe zu haben, etwas Sinnvolles zu tun, etwas zu leisten, Erfolg zu haben, das gehört seit Menschengedenken zu unserer Motivation. Das kann man nicht verordnen. Lenin hat gesagt: „Vertrauen ist gut, Kontrolle ist besser." Im Sinne von Ludwig Erhard ist aber Vertrauen besser als Kontrolle. Die Soziale Marktwirtschaft setzt auf den Ehrgeiz der Menschen, nicht auf die Bürokratie. Und sie setzt auf Freiheit, die von Unsicherheit nur vernebelt wird.

Wir brauchen einen Systemwechsel, der den Arbeitsmarkt wieder zu einem echten Markt werden lässt. Meine Idee: ein Systemwechsel hin zum „Solidarischen Bürgergeld". Das bedeutet: Das Einkommen der Bürgerinnen und Bürger mit keinen oder geringeren Einkünften wird aufgestockt. Jedem Erwerbstätigen wird mindestens die Hälfte dessen, was er verdient, belassen. Der Wachmann steht dann unter dem Strich besser da als derjenige, der keiner Erwerbsarbeit nachgeht. Die Nachbarin, die sich voll ehrenamtlich engagiert, muss sich nicht rechtfertigen, warum sie nicht dem Arbeitsmarkt zur Verfügung steht. Eltern können ihre Zeit wieder stärker der Familie widmen – ohne sich große finanzielle Sorgen zu machen. Das Solidarische Bürgergeld ermutigt zu Familienarbeit, Ehrenamtlichkeit, es ist ein Sprungbrett zum Mitmachen, kein Sofa zum Faulenzen. Es nimmt jeden Menschen ernst und stärkt ihn in seiner Eigenverantwortung.

Jeder hat das Recht und, soweit er kann, auch die Pflicht zu arbeiten. Arbeit ist weit mehr als Broterwerb. Dabei definiert Erwerbsarbeit nur einen Teil der Arbeit. Ebenso wichtig und entbehrlich sind ehrenamtliches Engagement und Familienarbeit. Mit keinem Geld der Welt lassen sich Liebe und Zuwendung bezahlen, die Kinder durch ihre Eltern erfahren – oder Eltern durch ihre Kinder. Genauso verhält es sich bei den Ehrenamtlichen. Ohne sie wären zahlreiche Angebote – in der Jugendarbeit, im Sport oder in der Kultur – vielfach nicht möglich. Es geht um ein Umdenken in unseren Köpfen und um ganz praktische Veränderungen auf dem Arbeitsmarkt: Der „Wert" der Arbeit bemisst sich nicht nur nach dem Verdienst. „Leistung" spiegelt sich nicht nur in der Lohntüte, sondern auch in dem, was Frauen und Männer außerhalb ihrer Berufe für die Gesellschaft tun. Dafür brauchen wir ein deutliches, politisches Signal – das sich nicht nur in schönen Worten, sondern als „Bürgergeld" auch in Euro und Cent rechnet.

Denn von schönen Worten allein kann niemand leben. Ich kann und ich will auch nicht den falschen Eindruck erwecken, irgendwie werde alles wieder gut, wenn man sich nur geduldet. Nein, wenn ich die Lebenswirklichkeit der Menschen nicht ernst nehme, kann ich auch nicht mit gutem Gewissen Politik gestalten. Deshalb habe ich meine Frau, meine beiden Töchter und enge Freunde gebeten, mich deutlich darauf aufmerksam zu machen, wenn ich mich unter dem Einfluss eines Lebens im politischen „Raumschiff" so verändern sollte, dass der Eindruck entsteht, ich würde meine „Erdung" verlieren.

In den jungen Ländern spüren wir immer noch ein großes Misstrauen gegenüber der Freiheit und der Eigenverantwortung des Einzelnen – trotz des Scheiterns des Sozialismus. Wir übersetzen allzu gerne Gerechtigkeit mit dem Bemühen um Gleichheit. Dabei wächst der Neid, und die dynamischen Kräfte erlahmen. Es muss uns aber gelingen, die Soziale Marktwirtschaft zu erneuern. Freiheit, Gerechtigkeit, Sicherheit und Menschenwürde müssen gelten. Bei der Umsetzung sind die „Baugesetze" der katholischen Soziallehre zu beachten, die Oswald von Nell-Breuning geprägt hat: Solidarität, Subsidiarität und Gemeinwohl. Das Solidarische Bürgergeld schafft dafür einen zeitgemäßen und zukunftsfähigen Rahmen. Dafür streite ich – wegen des Wachmanns und wegen aller anderen, die die Chancen der Freiheit nutzen wollen. Dafür sind wir im Herbst 1989 auf die Straße gegangen.

» **Ich bekomme einen sehr viel besser bezahlten Job, der aber 500 Kilometer von meiner Familie entfernt ist. Was ist wichtiger – eine intakte Familie oder ein sicheres Einkommen?** «

*Roger de Weck*

Die Frage kommt mir sehr deutsch vor, als hätten wir leidgeprüften Menschen immer zwischen zwei Übeln zu wählen. Der erwähnten Familie droht Ungemach. Sie muss umziehen oder das Pendeln eines Elternteils hinnehmen oder aber auf hohe Einkünfte verzichten. Entweder die Moral oder die Moneten – das ist die Unterstellung. Dabei bergen auch die „unmoralischen" Optionen Vorteile.

Ein Umzug der ganzen Familie mag für alle ungemütlich sein und erst recht für die Kinder. Da sie noch nicht wissen, was Veränderung ist, hassen sie dieselbe – Kinder sind konservativ. Doch dann kommen sie mit dem neuen Umfeld eher schneller zurecht als Erwachsene. Ein Umzug weit weg, am besten ins Ausland, eröffnet ihnen Chancen. Sie begegnen Menschen, die anders denken. Sie lernen eine Sprache. Das ist Reichtum. Die Eltern haben mehr Geld, die Kinder einen breiteren Horizont und später im Beruf bessere Voraussetzungen.

Um die Skylla-und-Charybdis-Logik der Eingangsfrage fortzuspinnen: Mit dem Umzug geht vielleicht der Verlust von

Heimat einher. Moderne Nomaden beneiden (nur manchmal) jene Sesshaften, die in ein und derselben Kleinstadt aufwuchsen, heirateten und arbeiten, um schließlich so geborgen zu sterben, wie sie geboren wurden. Mit dem Verharren in allzu vertrauter Umgebung mag hingegen jedem (der nicht gerade Kant heißt) viel Welt verloren gehen. Der Umzug ist eine ernst zu nehmende Alternative – manche Familie verwirft ihn aus Kleinmut, nicht aus Verantwortung.

Das Pendeln eines Elternteils wiederum ist unbequem und kann trotzdem der Familie gut bekommen. Um das zu begründen, gehe ich einen Umweg: Die Illustratorin Claudia de Weck, meine Frau, überschrieb vor Jahren einen Beitrag für die *Zeit* mit den Worten „Lieber gestresst als frustriert". Damit traf sie einen Nerv. Auf diesen Aufsatz hin erhielt sie mehr Leserbriefe als ich in drei Jahrzehnten Journalismus. Warum? Weil sie die Selbstverständlichkeit lobte, mit welcher die Französinnen Familie und Beruf vereinbaren. Wer nach langjähriger Ausbildung und ersten professionellen Erfahrungen alles liegen lässt, um sich Kindern und nur Kindern zu widmen, dürfte in vier von fünf Fällen bald frustriert sein. Wer Kinder und Karriere macht, wird in fünf von fünf Fällen Stress haben. Stress aber ist besser als Frust. Oder andersherum: Frust ist die unerfreulichste Form von Stress.

Deswegen ist Deutschland kinderarm und kinderfeindlich, aus Frust. Die Deutschen wollen wohlbehütete Kinder, also haben sie keine. Französinnen und Franzosen nehmen ihre Kinder insofern ernster, als sie öfter welche machen und dann aber auf Perfektion verzichten. Der Vater hat „keine Zeit", die Mutter ist genervt, die Haushaltsführung lässt zu wünschen übrig, die Kinder sind ohnehin in der Ganztagsschule. Doch vielleicht macht es sie glücklicher, ein bisschen weniger bemuttert zu werden. Niemand soll mir sagen, die von deutschen Hausfrauen und -männern umsorgten Kinder kämen besser heraus als die von französischen Eltern etwas vernachlässigten, aber nicht minder geliebten „enfants". Und ähnlich gilt: Im Zweifel lieber ein Elternteil, der eine Zeitlang pendelt und dank dieser neuen Form auch neue Impulse in die Beziehung trägt, als Paare, die nie aus ihrem Trott kommen, bis sie sich aus Frust früh verrenten lassen. Welch ein Vorbild für den Nachwuchs!

Gefährlich ist die Vorstellung, nur ein herkömmliches Familienleben erzeuge glückliche Kinder. Die Familie wird dann gut, wenn sie den Interessen der Eltern so sehr Rechnung trägt wie jenen der Kinder. Unglückliche Eltern sind für Kinder ein Unglück. Und glückliche Kinder machen zwar das Glück der Eltern aus – aber nicht das ganze.

**» Jemand ist seit Monaten arbeitslos und hätte jetzt die Chance, in einem Unternehmen anzufangen, das auch Zulieferer für die Waffenindustrie ist. Kann oder soll er es seiner Familie – und der Allgemeinheit – zumuten, den Job nicht anzunehmen? «**

*Wolfgang Huber*

Der Gedanke, Waffen zu schmieden oder doch zu ihrer Herstellung beizutragen, kann einen Menschen umtreiben. Es ist eine beklemmende Vorstellung, eigene Lebenszeit für etwas zu investieren, mit dem unter Umständen später Leben ausgelöscht wird. Kann man jemandem guten Gewissens zuraten, eine derartige Tätigkeit aufzunehmen, wo es doch in der Bergpredigt heißt: „Selig sind, die Frieden stiften" (Matthäus 5,9)? Über lange Zeit hat man über Arbeitsplätze in der Rüstungsindustrie freilich anders gedacht. Noch vor einem Jahrhundert sahen viele eine „Ehre" darin, durch eine solche Arbeit zur „Wehrhaftigkeit" des eigenen Volkes beizutragen. Später beruhigte man sich damit, das sei eben ein Job wie jeder andere. Inzwischen ist die Sensibilität dafür gewachsen, ob die eigene Berufstätigkeit mit dem Auftrag zum Frieden vereinbar ist. Das ist ein bemerkenswerter moralischer Fortschritt.

Aber Friedensverantwortung lässt sich nicht einfach auf den Schultern Einzelner abladen. Dass Rüstungsexporte in Kriegsgebiete unterbleiben, dass die Herstellung von Streubomben oder Landminen unter allen Umständen zu unterlassen ist, dass Rüstungsgüter nicht zur Profitmaximierung taugen – das alles sind ethische Einsichten, die gemeinsam bejaht werden müssen. Denn nur dann lassen sie sich auch politisch umsetzen. Die gewissensbestimmte Haltung Einzelner kann eine solche Entwicklung fördern; sie ist aber kein Ersatz für die gemeinsame Klärung.

Zu bedenken ist auch: Wir leben nicht in einer gewaltfreien Welt. Wo Gewalt ausgeübt wird, kann es auch von Nöten sein, ihr mit Gewalt entgegenzutreten. „Friedensmission" nennt man das heute – mit einem manchmal zu euphorischen, aber doch nicht abwegigen Namen. Wenn Soldaten der Bundeswehr in solche Missionen geschickt werden – zuletzt in den Nahen Osten –, dann müssen sie auch möglichst gut ausgestattet sein. Das Dilemma ist nur: Wer Waffen herstellt, kann nicht wissen, wofür sie verwendet werden.

„Frieden stiften" ist eine aktive Tätigkeit. Etwas zu stiften bedeutet: ein Ziel zu haben, in eine Vision zu investieren. Martin Luther übersetzt deshalb den entsprechenden Vers der Bergpredigt: „Selig sind die Friedfertigen." So wie ein Handwerker etwas herstellt, so soll nach diesem Verständnis Frieden „gefertigt" werden. Verweigerung allein ist noch keine Friedfertigkeit. Aktives Tun muss hinzukommen – in politischem Handeln, ehrenamtlichem Engagement oder beruflicher Verantwortung.

Freiheit von Schuld ist dabei keinem verheißen. Schuldübernahme, so sagte Dietrich Bonhoeffer in finsterster Zeit, gehört zum menschlichen Leben. Wer meint, er könne ihr entkommen, indem er nichts tut, täuscht sich selbst. Die Bitte um Vergebung gehört deshalb zum ABC christlicher Existenz.

Was bedeutet all das für einen Menschen, der aus der Arbeitslosigkeit heraus die Möglichkeit erhält, in einem Rüstungsbetrieb zu arbeiten? Was bedeutet es für seine Familie? „Selig sind, die Frieden stiften" – die Bergpredigt gilt auch in dieser Hinsicht. Eine Tätigkeit auszuschlagen, die dem Ausschluss aus gesellschaftlicher Beteiligung ein Ende macht, ist unter Umständen mehr, als man einem Menschen und seiner Familie abverlangen kann. „Wer unter euch ohne Schuld ist, der werfe den ersten Stein."

» **„Oben wird die Luft dünner", heißt es. Die Sieger stehen im Licht, die Verlierer müssen mit ihrer Niederlage allein zurechtkommen. Wie geht man mit einer solchen Erfahrung um, ohne zu zerbrechen? Gibt es ein – gelungenes Scheitern?** «

*Wolfgang Nowak*

Wir sind von Siegern umgeben. Die Erfolgreichen bevölkern die Werbung: Trinken und kaufen, was die Erfolgreichen konsumieren. Wir trinken und kaufen ihren Erfolg. Im Fernsehen, in den Zeitungen und aus den Katalogen berühmter Hochschulen und Wissenschaftsinstitute lächeln uns Sieger, erfolgreiche Unternehmensführer, Politiker und Wissenschaftler an. Wir umgeben uns gerne mit Gewinnern. Vor Wahlen entscheiden sich viele Wähler für den Kandidaten, der nach den Umfragen die besten Chancen hat. Wir wollen auf der Seite der Sieger sein. The winner takes it all!

Robert Scott erreichte am 18. Januar 1912 den Südpol – vier Wochen nach Amundsen. Ende März 1912 kam Scott ums Leben. Er hat das Scheitern auf schreckliche, tödliche Weise erfahren. Alles ist anders gekommen als geplant. In dem Augenblick, als er das Zelt am Südpol entdeckte, wurde die von ihm erhoffte Zukunft ausgelöscht. Auf den Sieg, nicht auf das Scheitern war er vorbereitet. Das kostete ihn und seine Begleiter das Leben.

Um den Südpol geht es in unserer Welt sehr selten. Meist zerbricht nur eine Karriere. Der Blick der anderen zeigt uns unseren Fall. Mit dem Zusammenbrechen der Hoffnungen erhält das Selbstwertgefühl einen Sprung. Die Anzahl der Freunde verringert sich dramatisch. Wenn wir scheitern, werden wir einsam.

Am Tag danach überwältigt das Scheitern den Scheiternden ein zweites Mal. Wir suchen Trost: Uns ist Unrecht geschehen. Wir sind dem anderen, der unsere Stelle bekommen hat, doch moralisch überlegen. Rachegedanken drängen sich auf. Das führt nicht weiter, macht es im Gegenteil nur noch schlimmer. Wir stehen, wie man sagt, vor dem Nichts. Das trifft zu, wenn wir nichts sind, nichts aus uns gemacht haben und wir uns nur mit den Augen der anderen gesehen haben. Andere haben sich ein Bild von uns gemacht, und wir haben uns nach diesem Bilde beurteilt. Und auf einmal ist das Bild zerbrochen.

Für diese Situation halten Buchhandlungen Unmengen von Büchern bereit. Sie helfen nicht, bieten aber einen Einblick in eine Wachstumsindustrie, die mit dem Scheitern anderer Menschen gutes Geld verdient. In der Welt des Erfolges hat Scheitern Konjunktur. Wenig tröstlich, aber richtig ist der Satz von Michael Jürgs aus seinem ausgezeichneten Buch *Der Tag danach*: „Es gibt für solche Wendepunkte des Lebens keine Formeln. Es gibt keine Regeln, es gibt auch keine Erfahrungen von anderen, aus denen sich etwas lernen ließe."

Wer sein Büro räumt, hat früher erfahren, was anderen noch bevorsteht. Auch wenn man in den ersten Tagen noch in einem „Als-ob" lebt, das Verhalten der anderen ändert sich, oder man nimmt es anders wahr. Natürlich ist es uns gleichgültig, was die anderen denken, aber es stört uns doch. Wir sollten ernst nehmen, dass Scheitern gesundheitsgefährdend ist. Manch einer, der aus dem Scheitern nicht aufwachen konnte, fand sich in einer schweren Erkrankung wieder.

Der Gescheiterte ist in Gefahr. Die Hinweisschilder für das Verhalten in Gefahrensituationen, die man oft sieht, fordern dazu auf, Ruhe zu bewahren und den Notausgang zu suchen. In Ruhe müssen wir unser bisheriges Verhalten selbst reflektieren. Warum haben wir den Zeitpunkt nicht erkannt, als etwas ins Rutschen geriet? Und wie können wir in Zukunft diesem Augenblick besser begegnen? Wenn wir Glück haben, finden wir einen unbeteiligten Dritten – keinen Guru, sondern einen Freund, die Ehefrau, die uns kennt und die uns freundlich sagt, wie sie uns in den letzten Wochen wahrgenommen hat. Als Gescheiterter kann man sich mit den Gesprächen etwas Zeit lassen. Schuldig fühlt man sich bereits. Aber der selbstmitleidlose Blick eines anderen hilft, zu sich selbst zu finden und die Energien in sich zu entdecken. Niederlagen können auch Energien mobilisieren. Man spricht von dem *stimulus of blows*. Nicht das Scheitern darf im Vordergrund stehen, sondern die Lektion, die wir daraus ziehen. Wir brauchen Kraft, aufzuwachen. Zu wissen, dass private Wahrheit und öffentliche Lüge im Leben nicht zusammenpassen und dass wir immer wieder scheitern werden, wenn wir aus diesem zerstörerischen Kreis nicht herauskommen. Mit dem Scheitern haben wir die Energie und die Freiheit gewonnen, uns neu zu erfinden.

Scheitern schult die Rücksichtslosigkeit unseres Blickes für die Realitäten des Lebens. Wir müssen sie aushalten, und wir sind ihnen dann gewachsen, wenn wir etwas Neues beginnen. Der Gescheiterte hat dem Erfolgreichen etwas voraus. Er weiß um die Ungewissheit des Erfolges. Wenn er dennoch handelt und sich Ziele setzt, wenn er kämpft, wenn er das Mögliche ausschöpft, nur dann kann er ein Sieger werden. Eine Niederlage ist eine Chance. Und wenn man nach ihr antritt, nicht, um es den anderen zu zeigen, sondern um in Übereinstimmung mit sich selbst zu leben und zu handeln, erst dann kann man Identität finden. Identität ist nichts, was wir haben. Sie ist auch nicht das Ergebnis einer einmaligen Leistung („Ich bin Außenminister, also bin ich“). Identität ist als Prozess zu verstehen.

Unsere Lebenswirklichkeit hat sich geändert, sie ist multipolar; immer neue und einander entgegengesetzte Aufgaben werden zur Normalerfahrung in einer brüchig werdenden Wirklichkeit ohne Mitte. Pluralisierung und Individualsierung werden in allen Lebensformen (Leben nach der Rente, Patchwork-Familie etc.) heute fast wie selbstverständlich akzeptiert, aber wenn es um das Scheitern geht, dann wird immer noch ausschließlich linear gedacht.

Das „Unstete" unserer Zeit bietet eine Chance zur Reflexion über den nicht hinterfragten Inhalt des angeblich so erstrebenswerten Erfolges und damit eine Chance zu einer Gelassenheit, die es erlaubt, verschiedene Entwürfe unseres Lebens zu erproben. Wir gewinnen Freiheit, denn der Mensch ist nicht festgelegt. So verstanden sind Menschen in der Lage, einer Niederlage nicht nur zu trotzen, sondern sie zu einer Chance für sich und für andere zu machen. „Ohne Schatten gibt es kein Licht", schreibt Albert Camus. „Man muss auch die Nacht kennen lernen." Samuel Beckett bringt unser Thema auf folgende Formel: „Try and fail; try again and fail better."

Man kann Scheitern lernen, und man muss sich darauf vorbereiten. Nur wer gescheitert ist, kann zu einem glücklichen Menschen werden, wie uns Camus Sisyphus beschrieben hat, wenn er den Stein am Fuße des Berges wieder aufnimmt. Er handelt, obwohl und weil er um die Unzulänglichkeit und Endlichkeit des menschlichen Handelns weiß. Er handelt und setzt sich Ziele, obwohl und weil er um die Unsicherheit des Erfolges weiß. Er definiert sich nicht über die Blicke der anderen. Und wenn wir ganz nahe bei ihm sind, dann hören wir, wie er leise summt: „We are the champions."

# Kapitel 7

## Wenn's konkret wird
## Spielregeln für Gesellschaft und Politik

## »Darf ich mein Kind in einer entfernt liegenden Schule anmelden, weil dort weniger Ausländer sind?«

*Horand Knaup*

Jeden Herbst, bevor in der Hauptstadt der lange Winter beginnt, ist in Berlin eine sonderbare Völkerwanderung zu beobachten. Von Neukölln melden sich die Menschen nach Schöneberg ab, von Kreuzberg ziehen sie nach Mitte, vom Wedding in den Prenzlauer Berg. Ganze Jahrgänge deutscher Kinder verschwinden auf geheimnisvolle Weise aus dem einen Stadtteil und tauchen anderswo wieder auf. Einige von ihnen verlassen tatsächlich ihr Quartier, andere melden sich mit allerhand Listigkeiten bei den Behörden um, bleiben aber wohnen, wo sie immer gewohnt haben.

Was wie eine sonderbare Spätsommerwanderung anmutet, ist in Wahrheit eine massenhafte Abstimmung mit den Füßen. Es ist der trickreiche Versuch besorgter Eltern, die ihren Kindern zugewiesenen Schulen zu umgehen und ihnen Bildungsstätten mit einem Ausländeranteil von 60, 70 oder gar 80 Prozent zu ersparen. Darf man das? Ist es politisch und moralisch legitim, sich und seine Kinder aus einer sozial fragilen Umgebung zu verabschieden und dieses Milieu quasi sich selbst zu überlassen? Ist solches Fluchtverhalten Ausdruck von unverbrämtem Egoismus oder gerechtfertigter Ausweichversuch engagierter Eltern, die einen Rest an Verantwortung für ihre Kinder empfinden?

Was sich in Berlin am augenfälligsten vollzieht, aber auch in anderen deutschen Stadtvierteln längst Alltag ist, wäre mit Xenophobie nur unzureichend erklärt. Es ist nämlich nicht der hohe Ausländeranteil, der die Massenabwanderung auslöst. Handelte es sich an den Schulen von Wedding und Neukölln um den Nachwuchs von ausländischen Diplomaten, Forschern oder Professoren, würde sich das Problem nicht stellen. Nein, entscheidend ist das soziale Milieu. Die Eltern fliehen eine Umgebung, in der eine Sozialhilfekarriere die nächste befördert, in der Gemeinwohl ein fremder Wert und der soziale Aufstieg kein Ziel mehr ist. Das aber können statt türkischer, libanesischer oder albanischer Kinder auch Sprösslinge deutscher Eltern sein – und sie sind es häufig auch.

Es ist die Flucht vor Lebensumständen, die mit den Erwartungen und Hoffnungen des deutschen Durchschnitts – oder auch der deutschen Mittelschicht – nur noch wenig gemein haben. Es ist das hilflose Ausweichen vor Kindern, die zu Hause keine Bücher (auch keine Bilderbücher) mehr kennen lernen, die gar kein oder schlechtes Deutsch sprechen, die nie einen Tagesrhythmus gehabt, dafür aber schon in jungen Jahren gelernt haben, dass der körperlich Stärkste immer Recht hat.

Keine Frage, mit den kleinen Fluchten erfährt das große Problem keine Lösung, es wird im Gegenteil – manchmal geradezu dramatisch – verschärft. Aber genau so berechtigt ist die Gegenfrage: Was würde sich ändern, wenn das eigene Kind an einer solchen Schule bliebe? Könnten die deutschen (Mittelschicht-) Kinder Verpflichtung sein für ihre ausländischen Mitschüler? Könnten sie ein Vorbild sein, an dem sich andere orientieren in puncto Neugier, Konzentrationsvermögen und Sozialverhalten? Nein. Unterentwickelte Konzentrationsfähigkeit und karge Sprachkenntnisse, opulenter Fernsehkonsum und gewalttätiger Frustrationsabbau lassen sich nicht bekämpfen, indem Eltern ihre Kinder solchen Defiziten in Klassenzimmern und auf Pausenhöfen ungeschützt aussetzen.

Soziales Engagement ist aller Ehren wert. Aber es ist falsch verstandener Eifer – manche nennen es auch Gutmenschentum –, wenn Kinder auf diese Art und Weise dem sozialen Impetus ihrer Eltern zum Opfer fallen. Deshalb kann die Forderung nur sein: Die Politik, der Staat, die Schulämter – sie alle zusammen müssen endlich dafür Sorge tragen, dass alle Erstklässler mit annähernd gleichen Voraussetzungen in die Schule starten. Dass schon in den Kindergärten und Vorschulen die Defizite im

Sprach- und Sozialverhalten aufgefangen werden. Dass Ganztagesschulen zur Selbstverständlichkeit werden. Dass Lehrer auch in schwierigen Stadtvierteln wieder die Gelegenheit erhalten, ihrem eigentlichen Lehrauftrag nachzukommen. Das kostet Geld, das kostet politischen Mut (auch anderswo zu kürzen), und es braucht einen langen Atem.

Immerhin gäbe es dann zumindest eine kleine Chance, das fragwürdige Mobilitätsverhalten bildungsbereiter Großstädter wieder zu einem vernachlässigbaren Phänomen werden zu lassen.

**»Mein Sohn hat sich mit einem türkischen Jungen aus dem Viertel angefreundet. Ich sehe mit Schrecken, dass die türkischen Jugendlichen sich immer mehr abkapseln, auch immer gewalttätiger werden. Soll ich meinem Sohn diesen Umgang verbieten, damit er nicht in schlechte Gesellschaft kommt?«**

*Tissy Bruns*

In Dortmund werden doppelt so viele türkische Jungen gewalttätig wie in Oldenburg. Warum? Es gibt viele Unterschiede zwischen den beiden Städten. Auch diesen: 90 Prozent der Zehnjährigen türkischer Herkunft in Oldenburg geben an, dass sie von deutschen Mitschülern zum Geburtstag eingeladen werden; in Dortmund waren es nur 29 Prozent. Diese Zahlen stammen aus der großen Schülerbefragung, die das Kriminologische Forschungsinstitut Niedersachsen im Jahr 2005 durchgeführt hat. „Wenn Mehmet mit Max und Moritz im Sandkasten spielt, so die deutsche Sprache lernt und Freundschaften schließt, läuft es gut", sagt Institutsdirektor Christian Pfeiffer. Abkapselung und Gewalttätigkeit sind Folge fehlgeschlagener Integration; und Integration gelingt am besten, wenn sie früh beginnt.

Aber unsere Kinder wollen Freunde finden um der Freunde und der Freundschaft willen, nicht um gesellschaftspolitische Ziele zu verwirklichen. Eltern begleiten sie dabei mit wachen Augen, und alle haben dann und wann die Sorge, dass nicht jeder Umgang für ihr Kind gut ist. Vor einer elterlichen Intervention in Kinder- oder Jugendfreundschaften sollte aber immer eine gründliche Abwägung stehen. Denn in ihren Beziehungen außerhalb der eigenen Familie suchen Kinder ihren Weg ins Leben. Sie wachsen dabei auch an Enttäuschungen und schlechten Erfahrungen.

Ob Sie Ihrem Sohn den Umgang mit einem türkischen Jungen verbieten sollen oder nicht, diese Frage können weder gute Absichten noch Befürchtungen allgemeiner Art beantworten. Der gesellschaftliche Stand der Integration (oder Desintegration) liefert keinen eindeutigen Maßstab für Eltern, deren erste Verantwortung die für ihre eigenen Kinder ist. So ist die „Abstimmung mit den Füßen", die Abwanderung von deutschen Eltern und Kindern aus den Stadtteilen mit hohem Ausländeranteil, gesellschaftspolitisch sicher nicht wünschenswert. Verständlich und nachvollziehbar ist sie trotzdem in vielen Fällen. Eltern müssen für ihre Kinder das Beste wollen; eine gute Schulbildung gehört dazu. Kinder sollen nicht ausbaden, was Erwachsene und die Politik versäumt haben.

Deshalb kann aber auch eine Freundschaft mit einem türkischen Jungen nicht mit dem Argument verboten werden, dass viele türkische Jugendliche sich abkapseln oder gewalttätig werden. Es geht um diesen einen, den Jungen, mit dem Ihr Sohn sich angefreundet hat. Als Mutter in Berlin habe ich durch solche Freundesbeziehungen gelernt, dass es praktisch unmöglich ist, die Heranwachsenden gegen die Probleme misslungener Integration abzuschirmen. Im Gegenteil: Die Erfahrungen meines Sohnes und seiner Freunde waren für mich die wichtigste Erkenntnisquelle über die Zuwanderungsrealität. Oft werden Mehmet und Max Freunde, aber viel weniger als die Erwachsenen können unsere Kinder den Schattenseiten der Migration ausweichen, zum Beispiel der gefährlichen Abschottungstendenz eines Teils der jungen Türken. In unseren Büros kann man sich entziehen und wegsehen; auf Schulhöfen, in der Disco, auf Sportplätzen und an Straßentreffpunkten nicht.

Es ist wahr, dass vor allem die Jungen dabei harte Konfliktsituation erleben – aber eben auch, dass Kinder und junge Menschen die Schranken zwischen verschiedenen Kulturen leichter überwinden können und sich damit neue Welten erschließen. Ihr Sohn wird als Erwachsener in einer Gesellschaft leben, in der die Zuwanderung auf allen Ebenen eine greifbare Realität sein wird. Die Freundschaft mit einem türkischen Jungen wäre, neben dem eigenen Wert jeder Freundschaft, eine gute Schule für sein Leben. Weil wir unsere Kinder nicht abschotten können, müssen wir sie begleiten, wenn sie ihre Erfahrungen machen mit der Spannung zwischen „Ich" und Wir", starker Gemeinschaft und falschem Gruppenzwang – ob mit deutschen oder türkischen Altersgefährten.

**» Sollten Illegale, die schon lange in unserem Lande sind, legalisiert werden? Soll man Asylantenfamilien, die immer noch auf Anerkennung warten, unterstützen? Gibt es Situationen, in denen ich als Staatsbürger zum Widerstand verpflichtet bin? «**

*Notker Wolf*

1994 stand vor meiner Klosterpforte ein kurdisches, muslimisches Ehepaar mit sechs Kindern. Helfer hatten mich gebeten, ob wir sie für etwa zwei Monate aufnehmen könnten. Das Gericht hatte zwar entschieden, sie müssten sofort in die Türkei zurück, aber man wartete noch auf das Urteil der Revisionsinstanz. Was sollten wir tun? Für mich gab es keine Frage: Hier sind wir von unserem Gewissen her verpflichtet zu helfen. Aus diesen zwei Monaten sind sechs Jahre „Kirchenasyl" geworden. Mir ging es um die Familie und vor allem um die Zukunft der Kinder. Eine Rückkehr in die Türkei wäre der Anfang vom Ende gewesen. Der Vater hatte Folter erlitten, weil er den Militärdienst verweigerte. Er wollte nicht gegen seine eigenen kurdischen Landsleute kämpfen müssen.

Ich machte ein offenes Versteck daraus. Ich informierte umgehend den Bürgermeister und den Staatsminister, der in unserer Gemeinde wohnt. Es tue mir leid, wenn sie Unannehmlichkeiten bekämen, aber ich könne vor meinem Gewissen nicht anders. Damit wurde der Fall auch bald der Bayerischen Staatsregierung bekannt. Ich war der Presse dankbar, dass sie damals den Fall nicht aufgriff; denn ich wollte mit der Regierung verhandeln. Ich meinte, es müsse doch möglich sein, auf diesem Wege zu einer Aufenthaltsgenehmigung zu gelangen. Eine Pressekampagne hätte ich für kontraproduktiv gehalten.

Ich versuchte klarzumachen, dass ich gar nicht gegen das Gesetz handelte: Es müsse bei jedem Gesetz Ausnahmen geben, damit nicht vordergründige, sondern wirkliche Gerechtigkeit entstünde. Schon seit dem griechischen Philosophen Aristoteles im 4. Jahrhundert vor Christus war um die Frage des Rechts gerungen worden. Gesetze haben allgemeinen Charakter, die das Recht bewirken sollen. Weil nun ein allgemeines Gesetz niemals alle Einzelfälle erfassen kann, muss es eine Möglichkeit geben, das Recht wieder herzustellen, wo die reine Gesetzesgerechtigkeit zum Unrecht führen würde. Das „summum ius" würde zur „summa iniuria". Den Ausgleich, der hier herzustellen ist, nennt man seither Epikie.

Es kam noch ein Zweites hinzu. Gemäß dem Evangelium muss ich jemandem helfen, wenn er unter die Räuber gefallen ist (aus welchem Grund auch immer, und sei es aus persönlicher Ungeschicklichkeit). Auch das schien mir hier gegeben. Diese Familie war mithilfe einer Schleuserbande nach Deutschland gelangt und bei Rosenheim mit anderen auf einem Parkplatz neben der Autobahn abgesetzt worden. Die Mutter half einer anderen Frau, die gerade niederkam. Blutverschmiert musste sie mit ihrer Familie am selben Vormittag zum Verhör antreten, bei dem eine türkische Dolmetscherin übersetzte, die des Kurdischen nicht besonders mächtig und den Kurden alles andere als wohlgesonnen war.

Damit begann die Odyssee, die schließlich in unserem Kloster vorläufig endete. Vier Kinder brachten wir in einer Volksschule unter, zwei besuchten unser eigenes Gymnasium. Wir hegten den Gedanken einer Weiterwanderung nach Kanada. Dazu fehlte aber die Voraussetzung. Wer dort einwandern will, muss eine besondere Qualifikation nachweisen. Der Vater aber war ein einfacher Bauer, der nicht mal lesen und schreiben konnte. (Meine Nachforschungen waren nicht ganz nutzlos. Ich konnte damit einem Nonnenkloster weiterhelfen, das eine Familie aus der Ukraine beherbergt hatte.) Ich wollte durch die Ausbildung der Kinder erreichen, dass ihnen später andere Wege offenstünden.

Einmal wurde der Vater bei einem Spaziergang außerhalb des Klosterbereichs von zwei Polizisten festgenommen und in Abschiebehaft nach München-Stadelheim gebracht. Nach drei Monaten gab ihn ein Richter frei: Kirchenasyl sei kein Haftgrund; man wisse, wo die Leute seien und könne sie jederzeit ergreifen. Der Innenminister machte mir aber klar, dass es keine gesetzliche Grundlage für eine Aufenthaltsgenehmigung gebe. Es gelang dann, die Familie im Jahr 2000 nach Polen zu bringen, das damals noch nicht zur EU gehörte und als europäisches Drittland galt. Die Kinder lernten Polnisch und gingen nun dort an die Schule. Der Älteste hat sogar das beste Abitur der Stadt Wroclaw (Breslau) abgelegt. Inzwischen ist Polen der EU beigetreten, und es besteht nun die Frage, ob die Familie in absehbarer Zeit definitiv nach St. Ottilien zurückkehren kann. Wir zahlen bis jetzt die Miete für die Wohnung in Wroclaw.

Ich bin nicht der Meinung, dass alle Illegalen legalisiert werden sollten. Denn dann würden Tür und Tor geöffnet und Deutschland würde zu einem Land ohne Grenzen. Aber es sollte für lang anstehende Fälle, deren Verhalten bestens bekannt ist, eine Möglichkeit der Legalisierung geschaffen werden. Damit würden wir dem Gesetz dazu verhelfen, dass es wahres Recht wird.

## » Müssen Menschenrechtsverletzungen bei Staatsbesuchen immer wieder angesprochen werden, auch wenn das wirtschaftliche Interessen gefährdet? «

*Gesine Schwan*

Die Antwort auf diese Frage ist beinahe selbstevident, denn sie lautet natürlich: Ja. Selbstverständlich müssen Menschenrechtsverletzungen immer wieder nicht nur angesprochen, sondern klar kritisiert werden, unabhängig von einer möglichen Gefährdung wirtschaftlicher Interessen. Die Frage ist nur: Wie, von wem und bei welcher Gelegenheit?

Die Entspannungspolitik während des Ost-West-Konflikts hat gezeigt, dass – wenn man Menschenrechte stärken und Wirtschaftsinteressen trotzdem nicht vernachlässigen will – eine Politik mit verteilten Rollen am ehesten zum Ziel führt. In den 1970er und 80er Jahren haben westliche Staaten mit den Herrschern im Ostblock verhandelt, während Medien und zivilgesellschaftliche Organisationen die Respektierung der Menschenrechte einklagten. Das lässt sich verallgemeinern: Prinzipiell sollen und können gesellschaftliche Initiativen Missstände öffentlich kritisieren und auch lautstark skandalisieren, um diejenigen, die die Menschenrechte verletzen, mit dem Verlust ihres öffentlichen Ansehens zu konfrontieren. Das gelingt aber nicht immer, ist auf eine wache Öffentlichkeit angewiesen und reicht auch nicht aus. Deswegen gibt es die Mittel der stillen Diplomatie und Sanktionen, deren Wirkung allerdings genau durchdacht werden muss.

Politikerinnen und Politiker erweisen im Übrigen ihre Professionalität dadurch, dass sie auch in schwierigen Kontexten solche Worte finden, die für weitergehende Mahnungen Anknüpfungspunkte bilden, die Kommunikation mit den Kritisierten aber bewahren. Dort, wo die diplomatischen Beziehungen einmal abgebrochen und die Kommunikationswege zerstört wurden, kann man keinen Einfluss mehr nehmen.

Das Verhältnis zu Russland und seinem gegenwärtigen Präsidenten Putin mag hier ein Beispiel bieten. Angesichts der globalen Interdependenz, in der wir angekommen sind, werden wir Russland in vielen Bereichen – Weiterverbreitung von Nuklearwaffen, Umwelt, Energie, Terrorismus, Nahost-Problematik – ohne Zweifel als Partner brauchen, auch im deutschen Interesse. Und Russland braucht uns. Aber wir müssen es vermeiden, um gedeihlicher Verhandlungen willen in eine persönliche Vertrautheit zu geraten, die die kritische Distanz untergräbt. Rechtsstaatliche Demokratie und Menschenrechte müssen auf der Tagesordnung bleiben, gerade auch im russischen Interesse. Kritik an Missständen ist umso wirkungsvoller, je mehr Europa bereit ist, z. B. im Hinblick auf Tschetschenien Vorschläge zu machen für konstruktive Lösungen oder daran mitzuwirken.

Gleichzeitig gibt es aber auch einen Zusammenhang zwischen Wirtschaftskooperationen und der Durchsetzung der Menschenrechte. Denn Staaten, die am globalen Warenverkehr teilhaben, werden so beinahe automatisch mit der universalen Idee der Menschenrechte konfrontiert. Das Argument, dass Wirtschaftskooperationen die Öffnung von Gesellschaften und damit auf lange Sicht die Einhaltung der Menschenrechte begünstigen, ist plausibel. Intensive Wirtschaftsbeziehungen können, auch wenn sie nicht mit einer ständigen öffentlichen Einmahnung von Menschenrechten einhergehen, letztlich zu deren Verwirklichung beitragen. Allerdings braucht dies oft eine längere Zeit. Spanien unter der Herrschaft Francos ist dafür ein Beispiel. Ob China dafür ein weiteres Beispiel wird, ist noch offen. Unternehmen, die in undemokratischen Ländern investieren oder produzieren, können in ihrem Bereich rechtliche, soziale oder ökologische Standards setzen und so den Menschen vor Ort Alternativen vor Augen führen. Wenn hier aus Gewinninteresse auf Mindeststandards verzichtet wird, dann machen sich Unternehmen moralisch schuldig.

Von großer Bedeutung bei der Kritik an Menschenrechtsverletzungen ist die Glaubwürdigkeit derer, die kritisieren. Wer in seinem eigenen politischen oder ökonomischen Wirkungsbereich oder auch durch eine aggressive Außen- bzw. Kriegspolitik die Menschenrechte verletzt, verliert die Fähigkeit, mithilfe einer demokratischen Öffentlichkeit zugunsten der Menschenrechte zu wirken. Die wichtigste Ressource für die Verwirklichung von Menschenrechten ist eine Autorität, die auf Vertrauenswürdigkeit beruht.

Grundsätzlich kommt es darauf an, nicht zu schnell Entweder-oder-Situationen entstehen zu lassen, sondern gemeinsame langfristige Interessen zu identifizieren und auszubauen. Dazu gehört freilich auch, das eigene menschenrechtsorientierte Engagement verlässlich zu zeigen und die Grenzen des Verhandelbaren öffentlich zu markieren. Vielleicht wäre in Deutschland hier manchmal etwas mehr Entschlossenheit nötig.

**» Muss Entwicklungshilfe nicht eingestellt werden, bis korrupte Regimes sich ändern? Auch wenn das zu Lasten der einfachen Leute geht? «**

*Niels Annen*

Was mir auffällt: Viele Jahre lang wurde die Frage, ob Entwicklungshilfe für korrupte Regime eingestellt werden müsse, auch wenn dies zu Lasten der Bevölkerung gehe, schlicht nicht gestellt. Der Kalte Krieg hatte die Sicherung von politischen Loyalitäten der Empfängerländer sowohl im Westen wie im Osten klar als Vergabekriterium in den Vordergrund gerückt. Nicht selten war das Bundesministerium für Wirtschaftliche Zusammenarbeit (BMZ) das Instrument der geopolitischen Interessen Deutschlands: In der „Dritten Welt" war die Frage nach Demokratie oder Menschenrechten weit weniger wichtig als die Frage, ob die Länder auf Seiten des Westens oder aber auf der Seite des Ostblocks standen.

Auch nach dem Ende des Ost-West-Konfliktes dauerte es noch bis zum Jahr 1996, ehe der damalige Präsident der Weltbank Wolfensohn öffentlich das Problem der Korruption bei den von der Weltbank geförderten Projekten – und damit innerhalb der Empfängerländer – thematisierte.

Seither wurden eine Reihe internationaler Übereinkommen zur Bekämpfung von Korruption von der EU, der OECD und der UNO beschlossen. In Deutschland werden seither zusätzlich rechtsverbindliche Antikorruptionsklauseln zwischen der Empfänger- und der Geberseite vereinbart.

Gleichzeitig hat die heutige Entwicklungszusammenarbeit innovative und intelligente Wege gefunden, ihre entwicklungspolitischen Ziele im Zweifelsfall auch ohne die direkte Unterstützung von offiziellen Stellen des Empfängerlandes zu erreichen. Unzählige NGOs stehen hierfür als Partner auf der ganzen Welt bereit.

Das BMZ hat Kriterien für die Entwicklungszusammenarbeit entwickelt, z. B. die Achtung der Menschenrechte oder Good Governance. Die Erfüllung dieser Kriterien vor Ort entscheidet über die Höhe der Zuwendungen und die thematischen Schwerpunkte der Entwicklungszusammenarbeit. Wenn es allerdings um die Grundversorgung der Bevölkerung oder um die Friedenssicherung geht, dürfen nicht Kriterien eines Ministeriums gelten. Es müssen vielmehr die betroffenen Menschen im Vordergrund stehen. Ich bin der Überzeugung, dass gerade in solchen Ausnahmefällen eine Entwicklungszusammenarbeit auch mit korrupten oder despotisch regierten Ländern dringend notwendig ist. Eine internationale Isolation solcher Länder um den Preis einer Vernachlässigung der humanitären Situation der Bevölkerung ist auch unter moralischen Gesichtspunkten nicht akzeptabel.

Auch die oftmals gehörte Stammtischmeinung, dass man grundsätzlich Entwicklungshilfegelder, die den offiziellen Weg gehen, genauso gut aus dem Fenster werfen könne, halte ich für Unsinn. Natürlich ist die Korruption staatlicher Stellen ein Problem. Neue Erkenntnisse zeigen aber auch, dass selbst die NGOs nicht vor Korruption gefeit sind. Hierüber spricht nur niemand.

Daneben gibt es auch Fälle von Entwicklungszusammenarbeit, in denen genau abgewogen werden muss. Ein Beispiel hierfür ist sicherlich die umstrittene Zusammenarbeit mit China. Auch hier halte ich die Zusammenarbeit für geboten: Mit deutscher Hilfe werden unter anderem nachhaltige Formen des Wirtschaftens, insbesondere im Bereich erneuerbare Energien, großflächig eingeführt. Diese Zusammenarbeit ist in unserem Interesse, da hier nicht nur deutsche Technologie genutzt wird, sondern im Dialog mit den chinesischen Partnern auch eine Antwort auf die Energiefrage gesucht wird.

Ziel muss in beiden Fällen der Wandel durch Annäherung sein. Nur durch die Stärkung der Zivilgesellschaft und der Demokratiebewegungen in den Empfängerländern können Reformen in Gang kommen. Die Erfahrung zeigt, dass erst eine starke Zivilgesellschaft und Partizipationsmöglichkeiten die Bekämpfung von Korruption ermöglichen.

**»Politik richtet sich nach Mehrheiten – zum Beispiel den Älteren in der Gesellschaft. Rentnern geht es oft besser als jungen Familien, die ansteigende Staatsverschuldung belastet die Zukunft der nächsten Generation. Wie kann eine Trendwende für die Jungen erreicht werden?«**

*Ulf-Jensen Röller*

*„Für Kinder"* steht darüber und darunter lächelt uns eine Frau Merkel mit ausgebreiteten Armen an. Wir kennen diesen Blick noch aus der Schule und wissen, wir müssen aufpassen. Merkel wollte ja auch immer Lehrerin werden, jetzt ist sie Bundeskanzlerin und erklärt auf ihrer eigenen Internet-Seite kindgerecht die Krise des Staatshaushaltes. „Wer es gut macht, teilt sich sein Geld ein. Wer es schlecht macht, dem flutscht es durch die Finger."

Clemens ist acht Jahre, bekommt zwei Euro die Woche und wird sauer, wenn man sie ihm nehmen will. Teilen ist nicht seine Stärke, im Gegenteil, er will immer mehr: Playstation, neue Fußballschuhe – eine nie endende Wunschliste. Doch für seine beiden Geschwister muss es auch noch reichen. Deshalb will ihm seine Mutter seit seinem letzten Kaufrausch auch nichts mehr leihen, denn Clemens flutscht das Geld nur so durch die Finger. Er wird sich beschweren, er wird – wie Politiker sagen – die Gerechtigkeitsfrage stellen, von Bedürfnissen und Unzumutbarkeit sprechen. Aber das wird nichts helfen. Die Eltern bleiben hart. Gut, dass jemand auf Clemens aufpasst, sonst würde er Schulden machen – koste es, was es wolle, und bloß nicht an morgen denken!

Die bittere Wahrheit für Clemens: Eigentlich ist er mit seinen acht Jahren schon pleite. Es wird ihn erstaunen, dass er – wie alle anderen Staatsbürger auch – bereits 18.000 Euro Schulden hat. Da hat ihn niemand gefragt. Und die Schuldenuhr tickt weiter. Außerdem ist Clemens Partner im Generationenvertrag.

Das bedeutet, er wird später das tun, was alle guten Kinder tun: sich um die Alten und Schwachen kümmern, Fürsorge zurückgeben. Und er wird mit seiner Rentenversicherung für die Alten zahlen. Nur: Wer kümmert sich um ihn, wenn er alt und schwach ist? Funktioniert das Generationenmodell auch dann noch?

Die heute Jungen, das sind die künftigen Alten und Schwachen, geben sich jung und stark und anspruchsvoll. Sie wollen Spitzenmedizin für alle. Breite Strassen für schnelle Autos. Pünktliche U-Bahnen. Spaß im Urlaub, und wenn es langweilig wird vielleicht ein bisschen Bungee-Jumpen. Und noch vieles mehr. Das leisten sie sich auch, obwohl sie wissen, dass sie es sich gar nicht leisten dürfen. Bezahlt wird später – koste es, was es wolle.

Irgendwie sind wir alle wie Clemens. Nur: Auf uns passt keiner auf und sagt „Stopp". Im Gegenteil: Die Politik warnt nicht, sondern gebraucht gerne Begriffe wie Jahrhundertreform, historische Stunde und großer Wurf. Aber dieses Riesenverschleierungstheater hat nur ein Ziel: nicht die Wahrheit sagen zu müssen. Dafür würden wenige, unspektakuläre Worte reichen. Die alle schon kennen. Von ihren Müttern und Vätern, die den Kinderwünschen nach neuen Geschenken und Wohltaten widerstanden haben: Man kann nicht alles haben. Man kann sich nicht alles leisten, wenn es auch für die Zukunft noch reichen soll.

Sobald das jemand laut sagt, sind alle ganz empört. Und das Wahlplakat mit dem Slogan: „Du musst verzichten, es gibt nicht mehr, nur noch weniger!" wird wohl niemals gedruckt. Das bringt keine Wählerstimmen und darum geht es doch allein in der Demokratie. Clemens und seine Spielkameraden haben da natürlich einen Nachteil. Sie dürfen noch nicht wählen. Das macht sie nicht gerade spannend für Politiker. Was wäre also, wenn jede Familie für jedes Kind eine Stimme mehr bekäme? Wäre Deutschland dann ein kinderfreundlicheres Land mit mehr Bildung, besseren Schulen, gerechterer Zukunftsvorsorge?

Eins ist sicher: Auch Eltern wollen wissen, ob ihre Rente in zwanzig Jahren sicher ist. Aber zuerst denken sie an die Zukunft ihrer Kinder. Wer Kinder hat, schaut anders auf das Land. *„Es muss etwas passieren, aber es darf nichts geschehen"*, hat der frühere Finanzminister Theo Waigel mal gesagt. Wie wahr auch heute. Die Politik tritt seit Jahren auf der Stelle, seit Jahren redet eine Regierung nach der anderen übers Sparen. Trotzdem wächst die Staatsverschuldung. Wie viele Rentenkommissionen, wie viele Gesundheitsgipfel, wie viele Bündnisse für Bildung und Zukunft muss der Bürger noch über sich ergehen lassen? Es gibt kein Erkenntnis-, sondern ein Handlungsdefizit. Weil wir uns weigern, erwachsen zu werden. Clemens muss lernen zu sparen, zu verzichten. Seine Eltern werden es ihm beibringen. Für uns Erwachsene gilt das auch. Nur leider ist keiner da, der uns hilft oder uns sogar die Ohren langzieht. Wir müssen selber groß werden.

## » Kann ich eine Partei wählen, die in einem zentralen Aspekt meiner ethischen Überzeugung widerspricht – aber in anderen Aspekten Themen aufgreift, die mir wichtig sind? «

*Bernd Ulrich*

Das Gewissen kann beides sein, Austragungsort der Sittlichkeit – oder Laufsteg der Eitelkeit. Denn natürlich gibt es in jedem von uns das Bedürfnis, auch moralisch zu glänzen.

Dies vorauszuschicken scheint mir notwendig, wenn über die Frage verhandelt werden soll, ob man eine Partei wählen kann, die in einem wichtigen Punkt gegen das eigene Gewissen steht. Immerhin haben schon sehr viele Menschen Parteien mit der Berufung auf ihr Gewissen verlassen, obwohl allgemeine Politikverdrossenheit, Zeit- oder Geldmangel möglicherweise eine ebenso große Rolle gespielt haben. Immerhin haben viele Abgeordnete sich auf ihr grundgesetzlich verbrieftes Recht zur Gewissensentscheidung berufen, um sich dem Fraktionszwang zu entziehen, obwohl dafür einfache Zivilcourage durchaus genügt hätte. Fast alles geht eben auch unterhalb der Schwelle des Gewissens.

Auf der anderen Seite gibt es Fragen, die – auch für einen Katholiken wie mich – wirklich gewissensrelevant sind, wie Euthanasie oder Embryonenschutz. Nur, lässt sich daraus eine Wahlentscheidung begründen? Zweierlei spricht dagegen: Zum einen gibt es wohl keine Partei, die in allen für mein Gewissen relevanten Fragen dieselbe Auffassung vertritt wie ich. Zum anderen vertreten Parteien in der Demokratie ethische Positionen stets auf gewissermaßen unmoralische Weise, nämlich kompromisslerisch. Täten sie es nicht, so würde das auf die Dauer die Demokratie ruinieren. Um die Sache noch etwas zuzuspitzen: Wenn es die Partei des persönlichen Gewissens tatsächlich gäbe, also eine, die meine Auffassungen kompromisslos verträte, so würde ich ihr als Christ freundlich zuwinken, sie als Demokrat aber niemals wählen.

Dass in der Demokratie Kompromisse geschlossen werden, auch sogenannte unsaubere, mag im Einzelfall schmerzen, als Grundregel ist es absolut notwendig. Darum sind die Kompromisse beim § 218 oder beim Embryonenschutz für mich keine Plage, sondern eine Errungenschaft. Schließlich ist jede Gesellschaft, die frei ist, auch notwendigerweise plural, weshalb wiederum keine reine, stringente Moral jemals durchregieren kann und darf. Nicht mal meine.

Prinzipiell wählbar ist für mich darum sogar die FDP, obwohl sie in fast allen Fragen der Moral anti-katholische Auffassungen vertritt. Nicht wählbar hingegen scheinen mir Parteien, deren Verhältnis zur Demokratie unklar ist, egal, ob sie sich dabei auf das kommunistische Manifest oder die Bibel berufen. Allerdings hat auch diese liberale Einstellung ihre Grenzen. Natürlich könnten es die meisten von uns nicht mit ihrem Gewissen vereinbaren, eine Partei zu wählen, die beispielsweise die

Todesstrafe wiedereinführen will, und zwar selbst dann nicht, wenn sie das auf demokratisch anschlussfähige Weise („Nur für Sexualmörder“) täte. Auch würde ein Christ niemals einem Eroberungskrieg zustimmen. Glücklicherweise sind solche politischen Ziele bereits vom Grundgesetz her ausgeschlossen, das wiederum sehr stark christlich geprägt ist.

Erst diese gemeinsame Grundlage macht es mir möglich zu sagen: Bei Wahlen steht nur eine Gewissensentscheidung zur Debatte, und das ist meine Gewissensentscheidung für die Demokratie.

### »Soll ich wählen gehen, wenn mich keine einzige Partei wirklich anspricht? Ist nicht auch die Wahlenthaltung ein deutlicher Akt politischer Willensbekundung?«

*Hildegard Müller*

„Die Würde des Menschen ist unantastbar.“ Mit diesem Satz beginnt das Grundgesetz unseres Landes – der Bundesrepublik Deutschland. Einer Republik, die als demokratischer Rechtstaat verfasst ist. Max Frisch hat einmal behauptet, dass die Würde des Menschen in der Wahl besteht.

Wahlen und die Art ihrer Durchführung sind wesentliches Merkmal und notwendiger Bestandteil jeder Demokratie. Die demokratische Ordnung in der Bundesrepublik beruht auf dem Recht des Volkes, in regelmäßigen Abständen durch Wahlen über die Machtverteilung im Staat zu entscheiden. Dieses Recht ist im Grundgesetz verankert: „Alle Staatsgewalt geht vom Volke aus. Sie wird vom Volk in Wahlen und Abstimmungen und durch besondere Organe der Gesetzgebung, der vollziehenden Gewalt und der Rechtsprechung ausgeübt.“ Freie Wahlen sind ein Grundelement demokratischer Herrschaft.

Wahlen sind für mich ein Ausdruck von Freiheit. Zu schnell droht meiner Ansicht nach in Vergessenheit zu geraten, dass es bis vor 17 Jahren in einem Teil unseres Landes keine freien Wahlen gab. Dort gab es wirklich keine Wahl! Wir erinnern uns zu wenig daran, dass im Herbst 1989 viele Menschen in der DDR gegen die gefälschten Ergebnisse der „Kommunalwahlen" auf die Straße gingen und wirkliche Wahlen forderten. In der Folge ist ein halber Kontinent durch diese und anschließende weitere Proteste verändert worden. Und ich bin mir sicher, dass auch der letzte Staat in Europa, für dessen Führung freie Wahlen noch immer ein Fremdwort sind, sich der freien Willensbildung seines Volkes nicht mehr lange wird verschließen können. Die Ereignisse des Frühjahrs 2006 in Weißrussland zeigen mir, wie leichtfertig wir mit unserem Privileg des Wahlrechts umgehen.

Wahlen sind aber auch ein Ausdruck von gelebter Verantwortung. Der mündige Bürger übt in der Demokratie „Staatsgewalt" dann aus, wenn er wählen geht, also von seinem aktiven Wahlrecht Gebrauch macht. Rein technisch betrachtet, ist eine Wahl ein Abstimmungsverfahren zur Bestellung von Personen in ein Amt oder zur Bildung von Körperschaften. Dazu bedarf es eines bestimmten Verfahrens, einer Bestellungstechnik oder kurz: eines Wahlsystems. Verfahren und Ergebnisse müssen transparent sein, damit der Wähler die Rechtmäßigkeit der Wahl anerkennt. Nur dann sind die Entscheidungen legitimiert.

Parteien spielen dabei eine besondere Rolle, denn sie tragen wesentlich zur politischen Willensbildung in der Gesellschaft bei. Für Parteien ist jede Wahl ein Prüfstein: Der Wähler, um dessen Gunst im Wahlkampf geworben wird, schafft mit seinem Votum die Legitimität für die Regierungsparteien als Trägerinnen der Staatsgewalt. Die regelmäßige Wiederkehr der Wahlen verhilft den Abgeordneten nur zu einer „Herrschaft auf Zeit". Umso wichtiger ist es, dass sowohl Wähler wie auch Gewählte verantwortungsvoll handeln. Wie zerstörerisch und verantwortungslos mit Wahlen umgegangen werden kann, hat die „Weimarer Republik" in bedauerlicher Weise gezeigt.

Leider gibt es in jüngster Zeit verstärkt auch eine Abstimmung mit den Füßen. Ich meine die zum Teil erschreckend niedrigen Wahlbeteiligungen – etwa bei der jüngsten Kommunalwahl in Niedersachsen oder bei den Landtagswahlen in Mecklenburg-Vorpommern und Berlin. Als eines der Hauptargumente wird in Umfragen immer wieder angegeben, dass keine der zur Wahl stehenden Parteien den Wähler überzeuge bzw. dass sich der Wähler durch keine der Parteien tatsächlich vertreten fühle. Daher betrachten sie es als ihr gutes Recht, zu Hause zu bleiben und die Wahl einfach zu ignorieren, oder empfinden ihre Stimmenthaltung sogar als das deutlichere Signal.

Diese Abstimmung mit den Füßen, diesen Rückzug ins Private bekommt jedoch über kurz oder lang das gesamte Land zu spüren, ganz gleich, wer dafür mehr und wer dafür weniger verantwortlich ist. Der Rückzug ins Private ist für mich keine Entschuldigung. Es ist zu einfach, in einer Konsumhaltung darüber zu klagen, „die" Parteien hätten beispielsweise kein Profil oder hätten keine Alternativen. Ich bestreite diese Aussagen. Die Politik kann in einer Demokratie, auch wenn sie dafür einen langen Atem braucht, sehr wohl helfen, die Dinge zu verändern und zum Besseren zu wenden.

Und nicht nur das Grundgesetz gibt den Parteien auf, bei der politischen Willensbildung des Volkes mitzuwirken. Dies muss ein natürliches, ständiges Eigeninteresse der Parteien sein, um die Option Wahlenthaltung so unattraktiv wie möglich aussehen zu lassen.

Falls aber jemand wirklich glaubt, seine Meinung werde nicht ausreichend abgebildet, und wenn er dann nicht aufsteht und sich selbst engagiert – sei es in einer neuen Partei, sei es, indem er eine Partei zu verändern versucht – dann ist er in meinen Augen mitverantwortlich. Er ist dann mitverantwortlich für die Dinge, die er selbst beklagt. Um mit Voltaire zu sprechen: „Wir sind verantwortlich für das, was wir tun! Und für das, was wir nicht tun!"

**»Als Pfarrgemeinderatsmitglied muss ich jetzt darüber entscheiden, ob wir die dringend notwendige Renovierung unserer wunderbaren Barockkirche angehen oder unser immer knapperes Geld in die Sozialarbeit stecken. Wir müssen entscheiden: zwischen der Kirche, in die immer weniger Besucher kommen, und der Notwendigkeit, den Bedürftigen in unserer Pfarrgemeinde unter die Arme zu greifen. Was ist richtig?«**

*Wolfgang Thierse*

Eine fatale Alternative! Ein typischer Verteilungskonflikt ums immer zu knappe Geld! Wie oft erleben wir das, in der Pfarrgemeinde, in der städtischen Gemeinde, auf allen Ebenen der Politik. Eine schwierige Entscheidung. Das Soziale wird gegen die Kultur ausgespielt. Das eine ist Pflichtaufgabe, das andere ist Kür.

Der moralische Druck ist groß: Die Milderung menschlichen Leids und Elends ist doch so viel wichtiger, als Geld hinauszuwerfen für so etwas Überflüssiges, nicht Lebensnotwendiges wie Kunst! Eine sympathische, verständliche Grundeinstellung! Allerdings: Mit dieser Grundüberzeugung hätten nie prächtige Kirchen und Paläste gebaut, nie große Kunstwerke angeschafft werden können. Alles hinausgeworfenes, unanständig verwendetes Geld. Denn dieses Geld ist immer Armen vorenthalten, sozialen Zwecken entzogen worden. Arme gab es immer, denen man unter die Arme hätte greifen müssen. Trotzdem sind wunderbare Kirchen gebaut, teure Kunstwerke bezahlt, große Feste gefeiert, ist also Kultur finanziert worden – zur Freude der teilnehmenden Zeitgenossen, zur Freude der nachfolgenden Generationen.

Und die Kirche selbst: Gäbe es sie noch als „das wandernde Volk Gottes“ (wie das 2. Vatikanische Konzil sie beschreibt), wenn dieses Volk sich nicht Kirchen gebaut, nicht Räume der stillen und der festlichen Vergegenwärtigung Gottes, der gottesdienstlichen Versammlung baulich inszeniert hätte? Alle großen Religionen haben dies so gehalten. Nicht selten gewiss zu prunkvoll, zu luxuriös, unter allzu vielen Opfern! Aber doch notwendig als *ein* Fundament, *eine* Weise der Tradierung des Glaubens, eben in ästhetischer, in künstlerischer Gestaltung und Sichtbarkeit. Und dieses religiös-kulturelle Erbe will gepflegt sein, um der Zukunft willen.

Also eine falsche Alternative? Im Grundsätzlichen ja. Aber auch im Konkreten? Nur dann nicht, wenn es gelingt, „unser immer knapperes Geld“ zu vermehren – durch das Einsammeln und Einwerben von Spenden, durch verstärkte Solidarität mit den Bedürftigen der Gemeinde und mit den Obdachlosen. Nur wenn das nicht gelingt, wäre es die falsche Alternative, und wir müssten, wie immer wir uns entscheiden, ein schlechtes Gewissen haben, müssten im Zweifel die „Option für die Armen“ wählen!

Dass man die falsche Alternative vermeiden kann, beweist meine eigene Heimatgemeinde Herz-Jesu in Berlin-Prenzlauer Berg. Sie tut beides: Mit viel Engagement betreibt sie im Winterhalbjahr ein Nachtasyl für Obdachlose, organisiert nachbarschaftliche Hilfen – und renoviert die Kirche (eine einigermaßen schöne neo-romanische Kirche aus dem 19. Jahrhundert) mit Geldmitteln aus dem laufenden Etat, aus sonntäglichen Gottesdienstsammlungen und aus den Spenden, die ein eigens dafür gegründeter Verein sammelt.

Es geht beides, es *muss* beides gehen!

Im Neuen Testament wird von gleich drei Evangelisten, nämlich Matthäus, Markus und Johannes, die gleiche Begebenheit erzählt, die Geschichte von der Salbung in Betanien: Eine Frau salbt und überschüttet Jesus mit wohlriechendem, kostbarem Öl. „Die Jünger wurden unwillig, als sie das sahen und sagten:

Wozu diese Verschwendung? Man hätte das Öl teuer verkaufen und das Geld den Armen geben können." Und Jesu Antwort ist beinahe schroff: „Warum lasst ihr die Frau nicht in Ruhe? Sie hat ein gutes Werk an mir getan. Denn die Armen habt ihr immer bei euch, mich aber nicht …" Und dann sagt Jesus durchaus pathetisch: „Amen, ich sage euch: Überall auf der Welt, wo dieses Evangelium verkündet wird, wird man sich an sie erinnern und erzählen, was sie getan hat" (Joh. 26,6–13).

## »Oft versprechen Politiker dem Wähler vor der Wahl etwas anderes, als sie nach der Wahl tun. Gibt es in der Politik eine Pflicht zur Ehrlichkeit?«

*Klaus Bresser*

Zu keiner Zeit, so hat schon Bismarck bemerkt, wird mehr gelogen als nach einer Jagd, während eines Krieges und – vor einer Wahl. Politiker erfasst im Wahlkampf ein offenbar unwiderstehlicher Drang zu schwindeln. Sie versprechen dann das Blaue vom Himmel herunter, loben die eigenen Taten über alle Maßen und verdammen die des Gegners in Grund und Boden. Sie tun das offenkundig in der Hoffnung, dass wenigstens ein paar Wähler ihnen Glauben schenken und so Stimmen gewonnen und Machtpositionen gesichert werden.

Die Geschichte der Bundesrepublik ist auch eine Geschichte der nicht (oder sehr viel später) erfüllten Versprechungen: Konrad Adenauer kündigt die baldige Wiedervereinigung an, Ludwig Erhard Wohlstand für alle, Helmut Kohl die geistig-moralische Wende und blühende Landschaften im Osten. Norbert Blüm verspricht die sichere Rente, Hans Eichel stabile Staatsfinanzen. Gerhard Schröder sagt zu, dass es keine höhere Mehrwertsteuer, Angela Merkel, dass es keinen höheren Krankenkassenbeitrag geben werde. Beteuerungen im Wahlkampf. Und nicht immer kümmert es die Politiker, ob sie je eingelöst werden können. Ist Politik deshalb schon von Grund auf unehrlich, das sprichwörtlich schmutzige Geschäft? Hat Hannah Arendt womöglich recht, wenn sie in ihrem Essay *Wahrheit und Politik* schreibt: „Niemand hat je Wahrhaftigkeit zu den politischen Tugenden gerechnet, Lügen scheint zum Handwerkszeug nicht nur des Demagogen, sondern auch des Politikers und sogar des Staatsmanns zu gehören."

Es gilt, den einen vom anderen Fall zu unterscheiden. Lügen heißt, in Kenntnis der Wahrheit die Unwahrheit zu sagen. Kann man das den Politikern jedes Mal unterstellen? Muss man ihnen nicht zugute halten, dass sie an vieles, was sie kundtun, selber glauben oder mindestens darauf hoffen, dass es eintritt? Wo hört die Wahrheit auf und fängt die Lüge an, wenn es sich um wirtschaftliche Entwicklungen handelt, um Wachstum und Steuereinnahmen?

Wenn Politiker im Wahlkampf sich selber in höchsten Tönen preisen und den Gegenspieler zum Trottel und Versager erklären, so gehört das zum politischen Spiel in einer Demokratie. Der aufgeklärte Bürger ist daran gewöhnt und durchschaut die Sprücheklopferei. Er erkennt die Kampfparolen und nimmt sie nicht für bare Münze. Oder glaubt irgendwer im Ernst, dass ausgerechnet Wahlkämpfe der Wahrheitsfindung dienen?

Politiker müssen selbst wissen, wie weit sie in der öffentlichen Auseinandersetzung gehen. Auf dem Spiel steht ein hohes Gut: ihre Glaubwürdigkeit. „Für einen Politiker ist Vertrauen von zentraler Bedeutung", sagt Ralf Dahrendorf. „Man muss nicht als Lügner enttarnt werden, um dieses Vertrauen zu verlieren. Es reicht vollkommen, dass Zweifel an der Aufrichtigkeit entstehen."

In Wahlreden mag der Bürger nicht jedes Wort wörtlich nehmen. Im Parlament, vor Untersuchungsausschüssen oder in Ansprachen an das Volk, so meint der katholische Moraltheologe

Eberhard Schockenhoff, müssten Politiker aber auch in Wahlkampfzeiten die Wahrheit sagen. Die Wähler müssten wissen, wer mit welchen Mitteln hinter welchen Personen und Programmen steht: „Die Grenze zur – verwerflichen – Unwahrhaftigkeit wird dort überschritten, wo andere in ihrem Recht auf Information verletzt und dadurch in ihrer Möglichkeit beschnitten werden, sich am Prozess der demokratischen Willensbildung aktiv zu beteiligen."

Wer sich als Journalist viele Jahre darum bemüht, von Politikern zu erfahren, was sie denken und planen, macht seine Erfahrungen. Politiker neigen – vor allem im Wahlkampf – dazu, heikle Fragen zu umgehen und das zu sagen, was sie gerade für richtig und günstig halten. Sie reden darum herum, geben Antworten, die mit den Fragen wenig oder nichts zu tun haben. Im *heute-journal* und in *Was nun?* haben wir Strategien entwickelt, der Wahrheit dennoch ein Stück näher zu kommen – durch eine überraschende, scharf formulierte Eingangsfrage oder durch die sogenannte Satzergänzung, bei dem der Journalist den ersten Halbsatz formuliert und den Politiker auffordert, ihn spontan zu ergänzen. Das ergab oftmals sehr ehrliche Antworten; manchmal half aber auch nur der Überraschungsgast, meistens ein politischer Gegner, der dazu zwang, Ross und Reiter zu nennen.

Gibt es in der Politik eine Pflicht zur Ehrlichkeit? Die Wähler müssen Bescheid bekommen über die wichtigen Vorgänge in einem Gemeinwesen. Wer sie täuscht und belügt, will sie aus Machtinteressen manipulieren und in ihren souveränen Entscheidungen behindern. Je offener der Staat die Wahrheit den Bürgern mitteilt, so der Publizist Claus Koch, „desto mehr Achtung erweist er ihnen, desto freier sind sie. Und desto freier ist der Staat."

**» Lohnt es sich, in die Politik zu gehen, auch wenn ganz klar ist, dass man sich dabei die Finger schmutzig machen muss? «**

*Hans-Ulrich Klose*

Ich habe es nie so gesehen: dass man sich in der Politik die Hände schmutzig machen muss. Ich war immer der Auffassung, dass es eher umgekehrt läuft: Schmutzige Hände ruinieren die Politik.

Politik heißt für mich: sich um das Gemeinwesen kümmern. Wie und durch wen das geschieht, ist in einem demokratischen Rechtsstaat in der Verfassung geregelt. Von Herbert Wehner haben Sozialdemokraten, jüngere vor allem, gelernt, dass wir die Verfassung bzw. das Grundgesetz hüten müssen „wie unseren Augapfel" – das war seine Formulierung, die beides reflektiert: das Wissen um das Versagen des ersten demokratischen Versuchs auf deutschem Boden und, mehr noch, die bitteren Erfahrungen, die Wehner als Funktionär der KPD gemacht hat. Ich habe das immer gut verstanden, weil ich 1937 in ein diktatorisch regiertes Deutschland hineingeboren wurde und kindgemäße Erinnerungen an die Nazizeit und den Krieg habe. Das wirkt nach bis zum heutigen Tage. „Demokratie, das ist nicht viel, Sozialismus ist das Ziel" – dieser irrige sozialdemokratische Lehrsatz der Weimarer Zeit käme mir nie über die Lippen. Demokratie zur Tradition auch in Deutschland machen, so lautete die Maxime meines Vaters, der noch eine Handlungsanweisung hinzufügte: „Wenn du nicht willst, dass braune oder rote Banausen (Nazis und Stalinisten) es machen, mach es selbst." Das motiviert mich bis zum heutigen Tage.

Ich gehöre inzwischen zu den älteren Semestern. Als ich Mitglied der SPD wurde und anfing, politisch aktiv zu sein – das war vor über 40 Jahren –, habe ich aus Unerfahrenheit oder Eitelkeit viele Fehler gemacht und ganz sicher auch dem einen oder anderen meiner politischen Mitstreiter oder Gegner persönlich wehgetan. Die Eitelkeit ist die größte Verführung. Angesehen werden als einer, der wichtig und bedeutend ist, und glauben, man sei es wirklich – das korrumpiert stärker als Geld. Das habe ich in meiner Hamburger Zeit gelernt, gegen Ende und nach meiner Bürgermeisterzeit, als ich nicht mehr bedeutend war. Ich habe diese (Selbst-)Erfahrung immer als meinen dritten Bildungsweg bezeichnet, genauso wichtig wie der erste und der zweite.

In der Praxis der Landes- und der Bundespolitik muss man Prioritäten setzen, Vor- und Nachrangigkeiten definieren. Das ist schwer, weil es dafür keine absoluten Maßstäbe gibt. Es gibt immer nur mehr oder weniger überzeugende Gründe, die je nach parteilicher Überzeugung und Mehrheitsverhältnissen gegeneinander abgewogen und bewertet werden. Die Entscheidungen, die nach einer solchen Abwägung getroffen werden, können richtig, sie können aber auch falsch, im Einzelfall sogar ungerecht sein. Mit schmutzigen Händen hat das aber nichts zu tun, es sei denn, dass aus ganz anderen als den vorgetragenen Gründen bewusst falsch entschieden worden ist. Solche Fälle sind nach meinen Erfahrungen eher selten. Sie haben zu tun mit offener oder verdeckter Beeinflussung durch Interessenvertreter, überschreiten aber nur im Einzelfall die Grenze zu Korruption und Bestechung. Nur dann sind sie justiziabel.

Es gibt andere Entscheidungen, die man tragisch nenne könnte, weil man schon vorher weiß, dass sie richtig und falsch zugleich sind. In der Außen- und Sicherheitspolitik, um die ich mich seit Jahren kümmere, steht man häufig vor solchen Entscheidungen. Wer Soldaten – was in den Jahren nach der Wende, also nach 1990, mehrfach geschehen ist, mit guten Gründen, ob mit oder ohne den Segen des UN-Sicherheitsrates – in einen robusten Einsatz schickt, weiß, dass bei militärischen Einsätzen Menschen zu Schaden kommen: Zivilisten häufiger als Soldaten. Das ist schwer auszuhalten. Beinahe noch schwerer ist es aber, schuldig zu werden durch Unterlassung. Auf den Balkan haben wir deutsche Soldaten geschickt, um das Morden zu beenden; nach Ruanda, wo weit mehr Menschen gestorben sind als im Kosovo, nicht. Warum nicht? Weil die Medien nicht jeden Tag darüber berichtet haben, weil Ruanda weiter entfernt ist von Europa, weil uns die Menschen in Europa näher sind als jene in Afrika?

Manche sprechen in diesem Zusammenhang von doppelter Moral. Ist es aber nicht. Es ist das altbekannte Dilemma, das es auch in Fragen der (politischen) Moral absolut richtige (hundertprozentige) Entscheidungen nicht gibt: zum einen, weil die Moralvorstellungen von Völkern und Menschen verschieden sind, und zum anderen, weil immer auch andere als moralische Gründe mitspielen: eigene Interessen und das Abwägen von Risiken und Fähigkeiten. Kein Land sollte sich anmaßen, die Rolle des moralisch überlegenen Weltpolizisten zu spielen. Jede Regierung, jedes Parlament muss im Einzelfall entscheiden, ob, wo und mit wem als Partner etwas getan werden kann und muss. Und jede Regierung, jeder Parlamentarier muss für seine Entscheidung geradestehen. Justiziabel ist das in der Regel nicht; es geht um Gewissensentscheidungen, die jeder individuell vor seinem eigenen Gewissen verantworten muss.

Ich habe inzwischen an einer ganzen Reihe solcher Entscheidungen mitgewirkt, war bisweilen unschlüssig, häufig von Zweifeln geplagt und habe erlebt, dass das Gewissen ein schwieriger und nicht immer hilfreicher Ratgeber ist. Man kann ein gutes Gewissen und doch ein schlechtes Gefühl haben.

# Die Autoren

*Dieter Althaus,* Ministerpräsident des Freistaates Thüringen.

*Regina Ammicht-Quinn,* Professorin für theologische Ethik in Tübingen.

*Niels Annen,* seit 2005 direkt gewählter Bundestagsabgeordneter aus Hamburg-Eimsbüttel, Mitglied im Auswärtigen Ausschuss des Deutschen Bundestages.

*Manfred Bissinger* ist Geschäftsführer von Hoffmann und Campe Corporate Publishing, war Stellvertretender Chefredakteur des Stern sowie Herausgeber und Chefredakteur der *Woche.*

*Bettina Böttinger* moderiert die WDR-Sendung *Kölner Treff* und gründete die Fernseh-Produktionsfirma Encanto GmbH.

*Klaus Bresser* war von 1988 bis 2000 ZDF-Chefredakteur.

*Christine Brinck* ist Erziehungswissenschaftlerin, Journalistin und Autorin u. a. des Buches *Das Beste von Allem* (2005).

*Wibke Bruhns,* Journalistin, erste Präsentatorin der *heute*-Sendung im ZDF, Auslandskorrespondentin und Autorin des Buches *Meines Vaters Land.*

*Tissy Bruns,* seit April 2003 Leitende Redakteurin des *Tagesspiegel* in Berlin, Leiterin des Parlamentsbüros, von 1999 bis 2003 als erste Frau Vorsitzende der Bundespressekonferenz.

*Sabine Christiansen* hat zehn Jahre die ARD-Tagesthemen moderiert, seit 1998 präsentiert sie die Talkshow *Sabine Christiansen.* Sie ist UNICEF-Botschafterin.

***Ernst Elitz*** ist Intendant von Deutschlandfunk und Deutschlandradio Kultur und lehrt an der Freien Universität Berlin Kultur- und Medienmanagement.

***Andrea Fischer***, gelernte Ökonomin und Druckerin, war acht Jahre Mitglied des Deutschen Bundestags für Bündnis 90/Die Grünen und von 1998 bis 2001 Bundesministerin für Gesundheit.

***Jürgen Fitschen*** trat 1987 in die Deutsche Bank AG ein. Nach mehreren Stationen im In- und Ausland 2001 Mitglied des Vorstandes, seit 2002 Mitglied des Group Executive Committee.

***Peter Frey*** hat das ZDF-Morgenmagazin mitentwickelt, die Hauptredaktion Außenpolitik geleitet und ist seit 2001 Hauptstadtstudioleiter in Berlin.

***Eckart Gaddum*** war ZDF-Korrespondent in Thüringen und Paris und leitet seit 2003 die Redaktion des ZDF-Morgenmagazins.

***Susanne Gaschke*** ist als Reporterin bei der Hamburger Wochenzeitung *Die Zeit* auf familien-, frauen- und gesellschaftspolitische Themen spezialisiert.

***Gundula Gause*** arbeitet seit 1989 als Nachrichtenredakteurin und Moderatorin beim ZDF, seit 1993 als Co-Moderatorin im *heute-journal*. Schirmherrin des Afrika-Tages von missio.

***Heiner Geißler*** war von 1967 bis 1977 Minister für Soziales, Jugend, Gesundheit und Sport des Landes Rheinland-Pfalz, von 1982 bis 1985 Bundesminister für Jugend, Familie und Gesundheit, von 1977 bis 1989 Generalsekretär der CDU, 25 Jahre Mitglied des Deutschen Bundestages.

***Petra Gerster*** ist Moderatorin der ZDF-Nachrichten um 19 Uhr und hat die Bücher *Erziehungsnotstand*, *Stark für das Leben* und *Reifeprüfung. Die Frau von 50 Jahren* geschrieben.

*Alois Glück* ist Präsident des Bayerischen Landtages.

*Katrin Göring-Eckardt* ist Mitbegründerin von „Demokratie jetzt" und „Bündnis 90". Von 2002 bis 2005 war sie Vorsitzende der Fraktion Bündnis 90/Die Grünen, seit Oktober 2005 ist sie Vizepräsidentin des Deutschen Bundestages.

*Wolf Gremm* ist TV- und Kino-Regisseur sowie Drehbuchautor.

*Dietrich Grönemeyer* ist Inhaber des Lehrstuhls für Radiologie und MikroTherapie an der Universität Witten/Herdecke und Direktor des Grönemeyer Instituts für MikroTherapie Bochum. Vielfältige Publikationen im Bereich der Medizin und Gesundheitswirtschaft. Bestseller wurden: *Mensch bleiben, Mein Rückenbuch, Der kleine Medicus* sowie *LEBE mit Herz und Seele*.

*Thomas Heilmann* ist Vorstandsvorsitzender der Werbeagentur Scholz & Friends.

*Wolfram Henn*, Professor für Humangenetik und Ethik in der Medizin an der Universität des Saarlandes und Vorsitzender der Kommission für Grundpositionen und ethische Fragen der Deutschen Gesellschaft für Humangenetik.

*Wolfgang Huber* ist seit 1994 Bischof der Evangelischen Kirche in Berlin-Brandenburg, 2003 Wahl zum Vorsitzender des Rates der Evangelischen Kirche in Deutschland.

*Karl Jüsten* war als Priester im Erzbistum Köln tätig, heute leitet er das Katholische Büro in Berlin.

*Verena Kast* ist Psychologin, Psychotherapeutin und Autorin, Professorin an der Universität Zürich, Vorsitzende der Internationalen Gesellschaft für Tiefenpsychologie.

*Christoph Keese* ist Chefredakteur der *Welt am Sonntag*.

*Claus Kleber* war von 1992 bis 2002 Korrespondent in Washington und leitet das *heute-journal.*

*Hans-Ulrich Klose,* Stellvertretender Vorsitzender des Auswärtigen Ausschusses des Deutschen Bundestages.

*Horand Knaup,* Redakteur im Hauptstadtbüro des *Spiegel.*

*John C. Kornblum* ist seit 2001 Chairman von Lazard Deutschland, als Europa-Spezialist war er Gesandter der US-Mission in Bonn und Berlin, stellvertretender US-Botschafter bei der NATO und zuletzt US-Botschafter in Deutschland.

*Karin Kortmann* ist seit 1998 Mitglied des deutschen Bundestages und seit 2005 Parlamentarische Staatssekretärin im Bundesministerium für wirtschaftliche Zusammenarbeit und Entwicklung.

*Stephan Krebs* war Gemeindepfarrer im südhessischen Egelsbach, seit 2000 ist er Pressesprecher der Evangelischen Kirche in Hessen und Nassau (EKHN).

*Norbert Lammert* ist seit 1980 Bundestagsabgeordneter und seit dem 18. Oktober 2005 Präsident des Deutschen Bundestages.

*Karl Kardinal Lehmann,* Bischof von Mainz und seit 1987 Vorsitzender der Deutschen Bischofskonferenz.

*Klaus Mangold,* Executive Advisor to the Chairman of Daimler-Chrysler AG, ist Vorsitzender des Ost-Ausschusses der Deutschen Wirtschaft und Beauftragter der Bundesregierung für Auslandsinvestitionen (Invest in Germany).

*Richard Meng* ist stellvertretender Chefredakteur der *Frankfurter Rundschau.*

*Dietmar Mieth* ist Professor für Theologische Ethik an der Katholisch-Theologischen Fakultät der Universität Tübingen. Seit

2003 Mitglied der Enquete-Kommission des Deutschen Bundestages *Ethik und Recht in der modernen Medizin*.

***Philipp Mißfelder*** ist Mitglied des Deutschen Bundestages und Bundesvorsitzender der Jungen Union Deutschlands.

***Gernot Mittler*** war von 1993 bis 2006 Finanzminister von Rheinland-Pfalz.

***Hildegard Müller*** ist Diplom-Kauffrau und seit 2002 Mitglied des Deutschen Bundestages, seit November 2005 Staatsministerin bei der Bundeskanzlerin.

***Eckhard Nagel*** ist Direktor des Instituts für Medizinmanagement und Gesundheitswissenschaften und der Forschungsstelle für Sozialrecht und Gesundheitsökonomie an der Universität Bayreuth; Leiter des Zentrums für Chirurgie im Klinikum Augsburg sowie Chefarzt des Bereiches für Abdominal-, Viszeral- und Transplantationschirurgie; Mitglied des Präsidiumsvorstandes des Deutschen Evangelischen Kirchentages.

***Andrea Nahles*** ist Mitglied des Deutschen Bundestages und war von 1995 bis 1999 Bundesvorsitzende der Jusos.

***Peter Neher*** ist Präsident des deutschen Caritasverbandes.

***Christa Nickels*** ist gelernte Krankenschwester und war fünf Legislaturperioden für Bündis 90/Die Grünen Bundestagsabgeordnete.

***Elisabeth Niejahr*** war sieben Jahre *Spiegel*-Korrespondentin in Bonn und ist heute stellvertretende Leiterin des Hauptstadtbüros der *Zeit*.

***Wolfgang Nowak*** war von 1999 bis 2003 Leiter der Grundsatzabteilung im Bundeskanzleramt und ist seit 2003 Sprecher der Geschäftsführung der Alfred Herrhausen Gesellschaft.

*Nina Öger* ist Mitglied der Geschäftsführung von Öger Tours.

*Ursula Ott* ist stellvertretende Chefredakteurin von *chrismon* und Autorin mehrerer Bücher, zuletzt *Schöner scheitern. Warum es genauso schwierig ist, die Welt zu retten, wie den richtigen Biergarten zu finden.*

*Cem Özdemir* wurde 1994 als erster Abgeordneter türkischer Herkunft in den Deutschen Bundestag gewählt, dem er bis 2002 angehörte. Seit 2004 ist er Mitglied des Europäischen Parlaments (Bündnis 90/Die Grünen).

*Marie-Luise Raters* arbeitet seit 2002 als Dozentin für Ethik/LER an der Universität Potsdam.

*Ulf-Jensen Röller* ist Korrespondent im ZDF-Hauptstadtstudio.

*Thomas Sattelberger* ist nach Stationen bei DaimlerChrysler und Lufthansa Arbeitsdirektor der Continental AG, Hannover.

*Markus Schächter* ist Intendant des Zweiten Deutschen Fernsehens.

*Bettina Schausten* leitet die ZDF-Hauptredaktion Innen-, Gesellschafts- und Bildungspolitik, moderiert die ZDF-Wahlsendungen und das Politbarometer.

*Annette Schavan* ist seit November 2005 Bundesministerin für Bildung und Forschung, von 1995 bis 2005 war sie Ministerin für Kultus, Jugend und Sport in Baden-Württemberg. Stellvertretende Bundesvorsitzende der CDU.

*Wolfgang Schmidbauer* ist Psychoanalytiker und Autor und lebt in München.

*Friedrich Schorlemmer* war von 1978 bis 1992 Dozent am Evangelischen Predigerseminar und Prediger an der Schlosskirche, seitdem Studienleiter an der Evangelischen Akademie Sachsen-Anhalt in der Lutherstadt Wittenberg.

*Gesine Schwan* ist Präsidentin der deutsch-polnischen Viadrina-Universität in Frankfurt/Oder und war bei der Bundespräsidentenwahl 2004 die Gegenkandidatin von Horst Köhler.

*Heide Simonis* lebte von 1967 bis 1969 in Sambia und von 1970 bis 1972 in Japan als Lektorin für Deutsch. Von 1988 bis 1993 war sie Finanzministerin und von 1993 bis 2005 Ministerpräsidentin von Schleswig-Holstein. Seit 2005 Präsidentin der deutschen Sektion von UNICEF.

*Dieter Stolte* war von 1982 bis 2002 Intendant des Zweiten Deutschen Fernsehens, von 2002 bis 2005 Herausgeber der Zeitungen *Die Welt* und *Berliner Morgenpost*. Heute ist er als Buchautor und Publizist tätig.

*Peter Struck* ist seit November 2005 Vorsitzender der SPD-Fraktion und war von 2002 bis 2005 Bundesminister der Verteidigung.

*Wolfgang Thierse* ist Bundestagsvizepräsident und Mitglied des Zentralkomitees der Deutschen Katholiken. Von 1998 bis 2005 war er Bundestagspräsident.

*Tilman Todenhöfer* war von 1992 bis 2003 Geschäftsführer und zuletzt stellvertretender Vorsitzender der Geschäftsführung der Robert Bosch GmbH. Er ist persönlich haftender Gesellschafter der Robert Bosch Industrietreuhand KG, Vorsitzender der Carl Zeiss Stiftung (Carl Zeiss AG, Schott AG) und Aufsichtsrat der Deutsche Bank AG.

*Klaus Dieter Trayser* gründete 1986 die Plansecur-Unternehmensgruppe, Kassel. Er ist Vorsitzender des Vorstands der Plansecur-Stiftung und der Klaus-Dieter-Trayser-Stiftung für werteorientierte Unternehmensführung.

***Bernd Ulrich*** ist seit 2003 stellvertretender Chefredakteur und Leiter des Berliner Büros der *Zeit*. Als Bücher sind erschienen: *Deutsch, aber glücklich. Eine neue Politik in den Zeiten der Knappheit* (1997) und *Der Unvollendete. Das Leben von Joschka Fischer* (2002, mit Matthias Geis).

***Bernhard Vogel*** ist Vorsitzender der Konrad-Adenauer-Stiftung. Zuvor war er Ministerpräsident von Rheinland-Pfalz (1976 bis 1988) und Thüringen (1992 bis 2003) sowie Präsident des Zentralkomitees der deutschen Katholiken (ZdK). Zusammen mit seinem Bruder schrieb er das Buch *„Deutschland aus der Vogelperspektive"*.

***Hans-Jochen Vogel,*** im Laufe seines Lebens in einer größeren Zahl öffentlicher Funktionen tätig, u. a. als Oberbürgermeister von München, Regierender Bürgermeister von Berlin, Bundesminister, SPD-Vorsitzender und Oppositionsführer im Bundestag. Anfang 2006 ist er in ein Altenwohnheim übergesiedelt.

***Eggert Voscherau,*** seit 1996 Mitglied des Vorstands der BASF, seit 2003 stellvertretender Vorstandsvorsitzender und zuständig für Personal, Umwelt/Sicherheit/Energie, Arbeitsmedizin, die Standorte in Ludwigshafen und Antwerpen sowie die Region Europa.

***Norbert Walter*** ist Chefvolkswirt der Deutsche Bank Gruppe und Geschäftsführer von DB Research. Er ist Autor zahlreicher Bücher, darunter *Der neue Wohlstand der Nation* (1993), *Der Euro – Kurs auf die Zukunft* (1997) und *Mehr Wachstum für Deutschland* (2004).

***Jürgen Weber,*** Vorsitzender des Aufsichtsrats der Deutsche Lufthansa AG, 1991 bis 2003 Vorstandsvorsitzender. Sport bezeichnet er als sein Lebenselixier.

***Roger de Weck*** ist Publizist in Berlin und Zürich. Er moderiert die Fernsehsendung *Sternstunden* und ist Präsident des Genfer

Hochschulinstituts für internationale Studien und Gastprofessor am Europa-Kolleg in Brügge und Warschau.

*Werner Weidenfeld* ist Direktor des Centrums für angewandte Politikforschung und Professor für politische Wissenschaften in München, Mitglied des Vorstands der Bertelsmann-Stiftung.

*Wolfram Weimer* ist Gründer und Chefredakteur des Politikmagazins *Cicero* in Berlin.

*Ernst-Ludwig Winnacker*, Professor für Biochemie an der Universität München, war von 1998 bis 2006 Präsident der Deutschen Forschungsgemeinschaft, leitet seit 2007 das European Research Council in Brüssel.

*Notker Wolf* ist Abtprimas der Benediktinischen Konföderation mit Sitz in Rom.

*Regina Ziegler*, seit 1973 Film- und Fernsehproduzentin von nationalen und internationalen Produktionen. Berlinale Kamera und American Cinema Foundation Freedom Award. Retrospektive im MoMA, New York.

# Dank

77 Antworten auf 77 Fragen zu finden – die Idee für das Projekt und auf dem Weg bis zur Veröffentlichung viele wertvolle Anregungen hatte der Programmleiter des Herder-Verlags, Rudolf Walter. Mit ihm hat sich im Lauf der Monate eine intensive und für mich völlig neue Kommunikationsform entwickelt: von einem gemütlichen Mittagessen in Freiburg abgesehen redeten wir kaum – und kommunizierten dafür dauernd per E-Mail, manchmal nur ein Wort, manchmal ein Satz, manchmal ein tragender Gedanke. Vielen Dank für diese Erfahrung! Der zweite, nicht minder große Dank gehört meinen Kolleginnen Beate Schuldt und Angela Koslowski, die nicht nur den Überblick über eine ständig wachsende Autorenliste behielten, sondern das Projekt mit eigenen Fragen und Anregungen begleiteten – und ihm so Leben einhauchten. Schließlich danke ich den Autoren für ihre persönlichen, über den eigenen Berufsbereich oft hinausreichenden Antworten. Auch hier erwies sich die elektronische Post in der Kommunikation als effektiver Weg zur Arbeit am gemeinsamen Buch. Allen Beteiligten sei gesagt: Es war mir eine Freude, Fragen stellen und damit ein gemeinsames Projekt begründen zu dürfen!

Peter Frey